विनोद कुमार शुक्ल

प्रतिनिधि कविताएँ

सम्पादक

अरविन्द त्रिपाठी

राजकमल पेपरबैक्स

राजकमल पेपरबैक्स में
पहला संस्करण : 2013
सातवाँ संस्करण : 2026

राजकमल पेपरबैक्स : उत्कृष्ट साहित्य के जनसुलभ संस्करण

राजकमल प्रकाशन प्रा.लि.
1-बी, नेताजी सुभाष मार्ग, दरियागंज
नई दिल्ली-110 002
द्वारा प्रकाशित

शाखाएँ : अशोक राजपथ, साइंस कॉलेज के सामने, पटना-800 006
पहली मंज़िल, दरबारी बिल्डिंग, महात्मा गांधी मार्ग, प्रयागराज-211 001
1, अनमोल सोराबजी सन्तुक लेन, धोबी तलाव, मरीन लाइंस, मुम्बई-400 002
वेबसाइट : www.rajkamalprakashan.com
ई-मेल : info@rajkamalprakashan.com

बी.के. ऑफसेट
नवीन शाहदरा, दिल्ली-110 032
द्वारा मुद्रित

मूल्य : ₹ 199

PRATINIDHI KAVITAYEN
Representative Poems of Vinod Kumar Shukla

ISBN : 978-81-267-2411-6

श्री विनोद कुमार शुक्ल
के लिए
पचहत्तरवीं वर्षगाँठ के
प्रीतिकर
अवसर पर

विनोद कुमार शुक्ल का 'आश्चर्यलोक'

विनोद कुमार शुक्ल समकालीन कविता के संसार में आज ऐसे कवि के रूप में बहुप्रतिष्ठित हैं जिनकी कविता को बिना उनके नाम के भी जागरूक पाठक पहचान लेते हैं। आजादी के बाद से आज तक की कविता का अगर मुआइना करें तो कम कवि ठहर पाते हैं जिनकी कविता बिना नाम के पहचानी जा सके। दरअसल यह शक्ति वही कवि अर्जित कर पाता है जिसने अपने कवि-कर्म में अपनी निजी भाषा, काव्य मुहावरा और अपना एक लहजा प्राप्त कर लिया हो। भारतीय कविता की जो महान परम्परा आज भी विश्व में प्रतिष्ठित है अगर उन कालजयी कवियों के संसार से गुजरें तो पता चलेगा कि ऐसे मूर्धन्य कवियों की यश:काया इसलिए आज भी हमारी स्मृतियों में शेष है क्योंकि उन्होंने सचमुच अपनी कविता के जरिये युग निर्माण किया। कविता का युग निर्माता ही कालजयी कवि के रूप में सिद्ध होता है। संसार के जितने बड़े कवि पैदा हुए हैं उन्होंने अपने समय के साथ 'विद्ध' होते हुए समय के बाहर देखने की कोशिश की है। फलत: उनकी कविताएँ आज भी चिर नूतन और युगानुरूप लगती हैं। ऐसा उद्यम वही कवि कर पाता है जिसके पास समग्रदृष्टि, समयदृष्टि और समदृष्टि के साथ कालदृष्टि भी हो। कालदृष्टि वही कवि अर्जित कर पाता है जो युगदर्शन

की दृष्टि ग्रहण करने का सामर्थ्य रखता हो। युगदर्शन हमेशा विश्वदृष्टि से अर्जित होता है। हिन्दी कविता के इतिहास में ऐसे कई कवि अपनी यश:काया के साथ आज भी जीवित हैं जो समय के बीहड़ थपेड़ों के बीच कालप्रवाह में अपनी कविता की धारा को प्रवाहमान किए हुए हैं।

आज की मौजूदा हिन्दी कविता पर जब निगाह डाली जाती है तो इस दृष्टि से कम कवि नज़र आते हैं जो अपनी कविता के जरिये ऐसी सामर्थ्य अर्जित करने की क्षमता रखते हों। ज्यादातर कवि अपने समय में, वह भी सिर्फ सतह पर तैरकर कविता को अर्जित करने की असफल चेष्टा करने में व्यस्त हैं। ऐसे कवियों के संकलन एक-दो वर्षों के अन्तराल पर बराबर प्रकाशित हो रहे हैं पर उनका काव्य विकास नदारद है। कुछ कवि अपनी कुछ कविताओं को ही जीवन भर दुहराने के भुलावे और छलावे में कवि-कर्म की इतिश्री मान बैठे हैं। वे आत्मपरीक्षण, आत्मउत्खनन करने से डरते हैं। बल्कि सच यह है कि वे घनघोर स्तर पर आत्ममुग्धता के शिकार हैं।

फलत: समकालीन कविता का बहुलांश भेड़चाल और भेड़ियाधसान में तब्दील हो गया नज़र आता है। बाजारवाद का रेला लगता है, कवि-कर्म के हलके में किसी चोर दरवाजे से प्रवेश कर गया है। आज ज्यादातर कवि-कर्म काव्य प्रतियोगिता का प्रायोजित मजमा हो गया लगता है। एक विषय पर अगर किसी कवि ने अच्छी कविता लिख दी तो फिर वही विषयवस्तु हर सफल कवि के यहाँ दिखाई पड़ने लगती है। दुर्भाग्यपूर्ण यह है कि कई अधेड़ कवि नए से होड़ लेने के लिए अपनी काव्य-वस्तु बदलने के लिए रातोरात आमादा दिखाई दे रहे हैं।

इस हारी होड़ में अच्छी कविताएँ तो सम्भव हैं पर महान कविताएँ सम्भव नहीं हो सकतीं। महान कविता की सर्जना

के लिए कवि के पास जो कठिन अध्यवसाय, आत्मसंयम, आत्मसंघर्ष और बाह्य संघर्ष की जरूरत होनी चाहिए, उसका अभाव आज की मौजूदा कविता के परिसर में बहुतायत से दिखाई दे रहा है। कवि इतिहास से सबक नहीं ले रहे हैं, भविष्य की ओर देख नहीं पा रहे हैं, सिर्फ वर्तमान की सतह पर चौतरफ़ा मुब्तिला हैं। किसी ने ठीक कहा है कि कविताएँ बहुतेरे लिखते हैं, पर कवि कोई-कोई ही हो पाता है। आज की कविता के सीन पर यह बात हूबहू लागू होती है। गहन खोजबीन के बाद जब उँगलियों पर गिनने की नौबत आती है तो आज जिन थोड़े से भरोसे के कवियों पर निगाह जाती है, उनमें विनोद कुमार शुक्ल का नाम सबसे ज्यादा महत्त्वपूर्ण लगता है। उनकी कविता, कविता के तुमुल कोलाहल के बीच चुपचाप अपने सृजन में व्यस्त दिखती है। किसी भी तरह के दिखावे, छलावे, भुलावे से दूर अपनी राह का खुद निर्माण करती और उस पर निर्भय अकेले चलने की हिम्मत रखती, वह अपनी मंजिलें तय करने में संलग्न है। दिलचस्प बात यह है कि विनोद कुमार शुक्ल की कविता किसी की नकल नहीं करती और किसी और को नकल करने की छूट भी नहीं देती। कवि-कर्म में कविता के ऐसे परीक्षार्थी अब विरल हो चले हैं। उनकी कविता का यह अद्वितीय स्वभाव मेरे काव्य-विवेक को खींचता रहा है। शायद इसीलिए मैं विनोद जी की कविता की ओर बार-बार लौटता हूँ।

एक जमाने में विनोद कुमार शुक्ल का काव्य-जगत से परिचय मुक्तिबोध ने कराया था। सन 60 के आसपास मुक्तिबोध ने श्रीकान्त वर्मा को पत्र लिखकर यह आग्रह किया था कि यदि ये कविताएँ आपको अच्छी लगें तो 'कृति' में इस युवा स्वर को जगह दें। श्रीकान्त वर्मा ने सम्भवत: पहली बार विनोद कुमार शुक्ल की कविताएँ 'कृति' में प्रकाशित कर इस शलाका कवि को भास्वरता दी। उसके

बाद विनोद जी ने पीछे मुड़कर नहीं देखा। निरन्तर चुपचाप पिछले पचास वर्षों से कवि-कर्म में शरीक़ हैं। कविता के अलावा कथा-लेखन के क्षेत्र में उनका उद्‌भव और विकास ऐतिहासिक है। ऐतिहासिक इन अर्थों में कि उन्होंने कविता और कथा-लेखन के कृत्रिम विभाजन की खड़ी दीवार को ढहा दिया है।

वे अविभाजित मध्यप्रदेश के छत्तीसगढ़ अंचल के ऐसे भू-भाग में रहते हैं जहाँ उर्वर कविता की समृद्ध विरासत मुक्तिबोध जैसी कालजयी मेधा से प्रस्फुटित होकर आज भी प्रवाहमान है। पर वहाँ का जीवन जीना आसान नहीं है। आदिवासी जीवन और छत्तीसगढ़ के घने और बीहड़ जंगलों के बीच से अपनी कविता का उपजीव्य ग्रहण करने वाले विनोद जी पेशे से कृषि विषय के प्राध्यापक रहे। लगता है कृषि विषय का अध्ययन-अध्यापन करते हुए उन्होंने भारतीय किसान, खेतिहर मजदूर, श्रमशील स्त्री, कुपोषण के शिकार बच्चे, बेरोजगार नौजवानों के सपनों को न केवल देखा बल्कि जिया और भोगा है। छत्तीसगढ़ की संघर्षशील मिट्टी से सनी-बनी उनकी कविता अपने परिवेश के भूगोल और इतिहास को जिस तरह मथती है, उससे पाठक कई बार अचम्भित हो जाता है। कविता में स्थानीय बोध क्या होता है और स्थानीय बोध को सार्वकालिक और सार्वभौमिक अभिव्यक्ति कैसे बनाई जा सकती है, उसे देखने के लिए विनोद कुमार शुक्ल की कविताएँ मील के पत्थर की तरह किसी काव्य-प्रेमी का परिचय कराती हैं। कहना न होगा कि विनोद जी छत्तीसगढ़ की धरती के ही कवि नहीं हैं बल्कि उसके व्योम के भी कवि हैं। उनकी कविता में छत्तीसगढ़ की धरती की धड़कनें वहाँ के रूप, रस, गन्ध, हवा, पानी और वहाँ के खुले आकाश के साथ गूँजती हैं।

जो लोग कवि विनोद कुमार शुक्ल के निजी जीवन के सुख-दुख से वाकिफ नहीं हैं, उन्हें उनका बहुचर्चित उपन्यास 'दीवार में एक खिड़की रहती थी' को जरूर पढ़ना चाहिए। उपन्यास के नायक रघुवर प्रसाद जो आदिवासी अंचल में ही एक नए खुले महाविद्यालय में गणित के प्राध्यापक हैं, उनकी विशेषता है कि वे कम बोलते हैं, पर ब्लैकबोर्ड पर दोनों हाथों से गणित के कठिन सवालों का हल लिखते चले जाते हैं। आज के भीषण संचारयुग की रेल-पेल से बेखबर वे हाथी पर चढ़कर महाविद्यालय पढ़ाने जाते हैं। बारिश से इतना डरते हैं कि चलने से पहले छाता लेकर चलना नहीं भूलते। उन्हें आधी रात को खिली चाँदनी में तालाब में नहाना अच्छा लगता है। पर वे गणित के ठस और रूखे शिक्षक नहीं हैं बल्कि जीवन जगत के प्रति परम अनुरागी व्यक्ति हैं। डेढ़ कमरे की खुली खिड़की वाले किराए के घर में गुजर-बसर करने वाले रघुवर प्रसाद गहरे पारिवारिक व्यक्ति हैं। गाँव में रहने वाले माँ-बाप, छोटे भाई मुन्नू से उनका गहरा लगाव है। फुरसत के क्षणों में वे जब देखते हैं कि पत्नी के खुले केश कंघा करते वक्त उलझ गए हैं, तो पत्नी के उलझे बालों को परिहास और प्रेम में डूबे हुए कंघे से देर तक सुलझाते हैं।

गणित के उस प्राध्यापक की जिन्दगी से कृषि के प्राध्यापक रह चुके विनोद कुमार शुक्ल की जिन्दगी का तालमेल वे अनजान पाठक जरूर बिठा सकते हैं जो विनोद कुमार शुक्ल को व्यक्तिगत रूप से नहीं जानते हैं। अत्यन्त मितभाषी, जीवन और मित्रों के प्रति अति संवेदनशील, छोटी-छोटी चीजों के प्रति अति जागरूक दृष्टि, अति संवेदनशील, दूसरों की भावनाओं और विचारों का हमेशा ख्याल और आहट रखनेवाले विनोद जी विनोदी स्वभाव के दिखते भले न हों, पर बुनियादी रूप में उनका स्वभाव सरल, सहज और

विनोदी जरूर है। उनका काव्य-कौशल उनकी विनोदप्रियता का एक चमचमाता हुआ सबूत है। पर उनके व्यक्तित्व में एक खास तरह की दृढ़ता भी है जो किसी की परवाह नहीं करती। किसी प्रलोभन से नहीं ललचाती। किसी आवेग में नहीं बहती। किसी झंझावात में नहीं डिगती। किसी आक्रमण से नहीं घबराती। किसी के विचारों से बिना आक्रान्त हुए अपने पथ पर अविचलित रहती है।

देखा जाए तो साहित्य की दुनिया में संघर्ष करते हुए उन्होंने कम आक्रमण नहीं झेले। एक दौर में 'भोपाल घराने का महीन सूत कातनेवाला कलावादी' सिद्ध करके उन्हें कविता से बेदखल करने की असफल कोशिशें की गईं। पर विनोद जी अप्रतिहत अविचल खड़े रहे। अपने कवि-कर्म की कोशिशों पर ही अन्ततः भरोसा किया। एक दौर में जो लोग उन्हें कलावादी कहकर लांछित करते थे, आज वे लोग उन्हें 'प्रतिबद्ध' कहने में नहीं झिझक रहे हैं। इसे मैं विनोद जी की काव्य-सफलता ही मानता हूँ जो प्रतिपक्ष को अपना पूर्वग्रह बदलने के लिए मजबूर कर देती है।

अपनी सुदीर्घ काव्य-यात्रा के जिस मुकाम पर विनोद कुमार शुक्ल आज खड़े हैं, वहाँ उनकी काव्योपलब्धियों का मूल्यांकन करना आलोचना के लिए कठिन कार्य है। उनकी सूक्ष्म काव्याभिव्यक्ति की तरह पेचीदा। गौर से देखें तो उनकी कविता का रेंज इतना व्यापक, गहरा और समावेशी है कि उसकी शिनाख्त करते वक्त बराबर यह संशय बना रहता है कि उनका महत्त्वपूर्ण कहीं छूट न जाए। असल में उनकी कविता इतनी विविधवर्णी, बहुधर्मी, बहुउत्सवी और बहुखोजी है कि वे चाहते हैं कि जीवन का कोई कोना छूट न जाए। वे कवि रूप में छूटने के विरुद्ध हैं। पर ऐसा भी नहीं कि वे चयनधर्मी न हों। काव्याभिव्यक्ति में मित कथनों का जितना सार्थक प्रयोग वे करते हैं, उतना शमशेर ही कर पाते थे। शब्दों

को कम-से-कम खर्च करके कैसे अर्थ के भंडार को समेटा जाए, इसे सीखने के लिए विनोद कुमार शुक्ल की कविता काम की चीज लगती है। काव्य प्रयोगों के लिए उनसे बड़ा कवि आज कम-से-कम हिन्दी में दिखाई नहीं देता। जितना प्रयोग आन्दोलन चलाकर प्रयोगवादी नहीं कर पाए, उतना अकेले प्रयोग आज विनोद कुमार शुक्ल कर रहे हैं। काव्य की सहायक क्रियाओं से कविता कैसे लिखी जा सकती है, इसे देखने के लिए उनकी 'तथा' जैसी कविता हमेशा याद रखी जाएगी। छोटी-से-छोटी कविता में वे काव्य-वस्तु की कितनी महीन तहों को एक के ऊपर एक तह कर रखते चले जाते हैं, यह देखकर सुखद आश्चर्य होता है— *पानी को/पानी की गठरी में बाँध दिया/कपड़े को कपड़े की गठरी में/पानी की गठरी है तालाब/कमल गठाने हैं/खिले खुले-अधखुले कमल से/अपने-अपने से बहता पानी/अपने तुपने में/फिर तुपने में बहता/जल की बड़ी बूँद तालाब/जल को पानी की गठरी से बाँध दिया/उससे यही मिलने का निश्चय/ उससे यहीं मिलने के निश्चय को/यही मिलने के निश्चय में/बाँध दिया* (*पानी को :* 'अतिरिक्त नहीं, पृष्ठ : 75)

इस कविता का उदाहरण इसलिए दे रहा हूँ कि आप देखें कि इस छोटी-सी कविता में प्रेम की प्रतीक्षा को 'उससे यही मिलने का निश्चय' वाक्य में कितनी गहरी अर्थमय जिजीविषा के साथ कवि ने बाँध दिया है। इस छोटी-सी कविता में प्रेम की कितनी गहरी उत्सुकता, आस्तिकता और आसक्ति का भाव बँधा हुआ है। विशुद्ध प्रेम की ऐसी कविता विनोद के अलावा शमशेर के यहाँ ही सम्भव है। मैं नहीं समझता कि आज कितने कवि अपनी अभिव्यक्ति में इतने सान्द्र और एकाग्रचित्त हैं। इस हद तक कि शब्द स्फीति का एक भी कण कविता के भीतर बिना कवि की इजाजत के घुसने नहीं पाता।

ऐसी काव्योपलब्धियाँ विनोद कुमार शुक्ल के काव्य-जीवन में अनेक हैं। यहाँ जो खास बात मैं रेखांकित करना चाहता हूँ कि कविता की इस ऊँचाई को हासिल करने में विनोद कुमार शुक्ल ने अपने जीवन को दूसरों के जीवन-बोध में इस तरह घुला-मिला दिया है कि उनकी कविता और जीवन को अलग-अलग बाँटकर देखना ज्यादती होगी। जीवन-बोध की समग्रता को समझना और फिर उसे 'देखना' उनके कवि-कर्म की सबसे बड़ी थाती है। जीवन-बोध को समग्रता में देखना ही उनका यथार्थ-बोध है। यह यथार्थ-बोध उन्होंने जीवन-बोध की धीमी आँच में पककर ही हासिल किया है।

जीवन-बोध की समग्रता को कैसे काव्य-बोध में रूपान्तरित किया जाए—इस प्रक्रिया में उनकी यह कोशिश शुरू से अब तक दिखाई देती है। शायद इसीलिए वे विचारधारा में उलझने के बजाय जीवन-बोध और फिर जीवनदर्शन से उलझकर सार्थक अभिव्यक्ति करना अपने कवि-कर्म का धर्म मानते हैं। इसीलिए उनकी कविता के व्यापक रेंज में समय-बोध और काल-बोध साथ-साथ चलता है। फलत: इसीलिए उनकी कविता नितान्त समसामयिक होकर भी समयातीत लगती है। वह पीछे भी देखती है और आगे भी, पर उल्लेखनीय बात यह है कि वह अपने समय में धँसी होने के बावजूद अपने समय में फँसती नहीं है। उनके काव्य-बोध में जो अचूक किस्म की पारदर्शी सूक्ष्मता है, वह कई लोगों को जटिलता, रूपवाद, कलावाद का अवतार लगती है। पर सच्चाई यह है कि बिना सूक्ष्मताबोध के बड़ी कविता सम्भव नहीं। जब जीवन जीना आसान नहीं रह गया है तो फिर कविता का सृजन आसान कैसे होगा? विनोद कुमार शुक्ल सूक्ष्म-बोध के कवि हैं, जटिल भाव-बोध के नहीं। महान कविता को अर्जित करने के लिए जो

हिकमतें और हुनर चाहिए, उसके सभी तत्त्व उनकी कविता में विकसित मात्रा में विद्यमान हैं। मुक्तिबोध की कविता में पदार्थमयता और 'कालबद्धता' दोनों हैं। आगे देखता हूँ तो ये दोनों काव्यगुण छत्तीसगढ़ के इस लाड़ले कवि की कविता में आज दिखाई देते हैं।

विनोद कुमार शुक्ल की कविताएँ बाहर से जितनी शान्त, ठंडी और किंचित ठहरी हुई जान पड़ती हैं पर जैसे ही पाठक इनके भीतर प्रवेश करता है, उसे जीवन और समाज का एक भयावह संसार एक-एक कर दिखाई पड़ने लगता है, उनकी कविताएँ एक बेचैन आत्मा की अनवरत करवट जान पड़ती हैं। मानवीय जीवन और समाज के दिखाई पड़ने वाले छोटे-छोटे दुख और तकलीफें पाठक को भीतर तक बेध देती हैं। किसी कवि की काव्यदृष्टि की व्यापकता इस बात में निहित नहीं होती है कि उसकी कविता का क्षेत्रफल कितना लम्बा-चौड़ा है, बल्कि देखना यह चाहिए उसमें काव्य-वस्तु को व्यक्त करने में हिकमत और गहराई कितनी और कैसी है? विनोद की काव्य-संवेदना के विस्तार को देखने के लिए उनकी कविताओं की गहराई में उतरना होगा। उनकी काव्यात्मक जटिलता इसीलिए ऊपर से दिखाई पड़ती है क्योंकि उनकी काव्य-संवेदना की तहें इकहरी न होकर दुहरी और कहीं तिहरी हैं। इसलिए मैं कहना चाहता हूँ उनकी कविता में रूपवाद और जटिलता खोजने वालों को उनकी काव्य-संवेदना में अनुभूति के कसकते दुख-बोध के महीन कणों की विलक्षण अभिव्यक्ति पर गौर करने की जरूरत है। कविता में सूक्ष्म अनुभूतियों की अभिव्यक्ति को जटिल मानकर आगे बढ़ जाना पाठकीय धर्म नहीं है। वैसे भी विनोद प्रथम पाठ के कवि नहीं हैं। जैसे मुक्तिबोध और आज कुँवर नारायण। ऐसी कविता को मुक्तिबोध, शमशेर की तरह लोकप्रिय बनाने का सवाल ही नहीं उठता।

दरअसल विनोद कुमार शुक्ल बुनियादी रूप में दुख-बोध के कवि हैं। वे जीवन के उल्लास और हँसी-खुशी के कवि नहीं हैं। 'लगभग जयहिन्द' के प्रथम काव्य उन्मेष के बाद क्रमशः उनकी काव्य-संवेदना में दुख-बोध की अनुभूतियाँ निरन्तर सघन और सान्द्र हुई हैं। उनकी कविता व्यक्ति के निजी दुखों की कथा नहीं है, बल्कि वह व्यापक समाज के भीतर साधारण मनुष्यों के रोजमर्रा दुखों से उपजी है। दुख-बोध का यह सिलसिला साधारण जनों के जीवन तक सीमित नहीं है बल्कि पर्यावरण, प्रकृति, समूची पृथ्वी यहाँ तक कि मंगल ग्रहों के दुख-बोध की अनुभूतियाँ भी मौजूद हैं। देखा जाए तो यह मानवीय विकलता की अभिव्यक्ति का अनन्त विस्तार उनकी कविता में फैला हुआ है। कवि दृष्टि का यह व्यापक विस्तार 'मध्यवर्गीय संवेदना' की उपज नहीं है बल्कि मध्य वर्गीय संवेदना की हदों को तोड़कर साधारण मनुष्य की साधारण दिखने वाली संवेदना का असाधारण विस्तार है। मध्यवर्गीय काव्य-संवेदना का कवि इस चराचर जगत में एक साथ हाथी और चींटी के दुखों की खोज नहीं कर सकता। बरसों पहले अशोक वाजपेयी, जिन्हें इस बात के लिए निश्चय ही श्रेय दिया जाना चाहिए कि उन्होंने विनोद कुमार शुक्ल की काव्य-ऊष्मा और काव्य-ऊर्जा के नए प्रस्थान को बड़े साहस के साथ रेखांकित करते हुए ठीक लक्ष्य किया था..."वह लिखी जा रही कविता का एक तरह से प्रतिपक्ष है—प्रतिकविता है। निजीपन और सामाजिकता का द्वैत इस कविता के लिए अप्रासंगिक ही है और सबसे बड़ी बात यह है कि विनोद कुमार शुक्ल कविता को लेकर किसी शहादत या वीरता भाव से कतई पीड़ित नहीं हैं बल्कि एक तरह का ट्रेजिक और वस्तुनिष्ठ आकलन है कि कविता में किसी चीज़ को, चाहे वह स्वयं कविता ही क्यों न हो बहुत बढ़ा-चढ़ाकर

नहीं देखा जा सकता। दरअसल विनोद कुमार शुक्ल का काव्य निर्मोह और अपस्फीति का काव्य है जो जैसे अपने काव्य होने के प्रति भी मोह नहीं पालता और उसके चारित्रिक मसखरेपन से अपने काव्य होने पर भी स्वयं प्रश्न चिह्न लगाता चलता है।" ('कुछ पूर्वग्रह' : पृष्ठ 32-33)

विनोद जी के काव्य-संसार और उनके काव्य-विकास पर नजर दौड़ाएँ तो देखा जा सकता है कि उनकी काव्य-संवेदना का निरन्तर विकास हुआ है। इस काव्य-विकास में एक 'चुप्पा कवि' की बेचैनी निरन्तर सघन और बेधक हुई है। 'लगभग जयहिन्द' (1971) काव्य पुस्तिका के साथ प्रथम काव्योन्मेष में ही तत्कालीन काव्य परिदृश्य में एक नए चेहरे के साथ विनोद कुमार शुक्ल हिन्दी संसार में एक अजूबे कवि के रूप में सामने आए। काव्य-वस्तु के अलावा एक नए काव्य-शिल्प के आविष्कार के साथ। जाहिर है काव्य-शिल्प का यह लहजा शब्द-क्रीड़ा नहीं थी न ही तुकों का खिलवाड़ था। वाक्य में क्रियापदों के नायाब प्रयोगों से अपनी कविता में मनचाहा मोड़ देने में माहिर विनोद जी ने अपनी एक सर्वथा निजी पहचान बनाई। यह ऐसी पहचान है जिस पर उनके किसी पूर्ववर्ती या किसी समकालीन कवि की छाप नहीं है। दिलचस्प तथ्य यह है कि ऐसा वे सिर्फ कविता में नहीं करते रहे हैं बल्कि अपने औपन्यासिक लेखन में भी नए प्रयोग कर रहे हैं।

देखा जाए तो उनकी काव्योपलब्धि में सिर्फ अनोखे काव्य-शिल्प का ही योगदान नहीं है बल्कि उनकी काव्य-वस्तु में यथार्थ को 'देखने' का नजरिया भी उनके अपने समकालीनों से अलहदा रहा है। उनकी दृष्टि में यथार्थ का आशय जो सामने दीख रहा है वही यथार्थ नहीं है बल्कि यथार्थ वह है जो 'दिखाई देता है' के भीतर है अथवा आगे-पीछे। उनकी चौकन्नी निगाह चीजों को देर तक के साथ दूर तक परखती हुई व्यक्त होती है। कहना न होगा कि

कविता में यथार्थ को देखने की यह प्रक्रिया दिलचस्प और महत्त्वपूर्ण है। अशोक वाजपेयी का यह नतीज़ा निकालना वाजिब है कि "वे अब समयविद्ध कवि ही नहीं रह गए हैं, अपने समय में तो अनायास भी हुआ जा सकता है, लेकिन अपने समय को पार करने की स्थिति कोशिश से ही आती है, यह कोशिश कवि-कर्म की बुनियादी कोशिशों में से है। अपने स्वभाव में भले ही रोमैंटिक जान पड़े अपने प्रतिफल में वह हमेशा ही क्लासिक हैं।" ('सब कुछ होना बचा रहेगा' काव्य-संग्रह की भूमिका : अशोक वाजपेयी) दरअसल यह क्लासिक उपलब्धि कवि को अचूक काव्य-विवेक के नाते हासिल हुई है। यह काव्य-विवेक विनोद ने जड़ों की ओर लौट कर नहीं बल्कि जड़ों को मजबूती से थामे हुए जड़ों के बीच जीते-मरते हासिल की है। कहना चाहिए उनकी काव्यात्मक जड़ों में उनकी काव्य-वस्तु में अन्तर्भुक्त गहरी स्थानीयता बोध का केन्द्रीय महत्त्व है। उनकी स्थानीयता बोध की पकड़ काव्य-वस्तु से लेकर काव्याभिव्यक्ति तक देखी जा सकती है। विनोद की कविता में स्थानीयता बोध की खासियत को उजागर करते हुए लीलाधर मंडलोई ने एकदम सटीक लक्ष्य किया है कि "अगर विनोद की स्थानीयता में गहरी जड़ें न होतीं तो वह पृथ्वी और आकाश तक भी नहीं पहुँचती। उनकी चिन्ता में नष्ट होती पृथ्वी है और वह सब कुछ जिससे पृथ्वी शब्द, पृथ्वी चित्र, पृथ्वी घटनाएँ, पृथ्वी कहानियाँ, मनुष्य-चित्र, मानुष-कथा जो नष्ट हो सकते हैं। इसलिए उनकी तीव्र और उत्कट लालसा है कि '*छुपाकर रख देना चाहिए/इस अमावस की आदिम गुफा में/स्त्री-पुरुष का प्रेम और सहवास।*' विनोद की कविता में अब सायरन, बन्दूक की गोली, बम विस्फोट, कपाल-सी लुढ़कती पृथ्वी, मृत्यु का आकार, युद्ध, अँधेरा, स्टेनगन लिये हत्यारे, समुद्र पर फैले तेल में लिपटा पक्षी, कर्फ्यू, नेल्सन मंडेला, जेल

और गोली से मारे जाने की प्रतीक्षा में मजदूरों के जत्थों के चित्र अधिक हैं। अगर यह सघन यथार्थ विनोद की आत्मा को खुरचता है तो वह कहने से नहीं चूक सकते कि *'मुझमें भी कहीं सुलगने लगी है आग/जिसका मैं भी उपयोग करूँगा।'* दरअसल विनोद की कविता में 'डेस्टिक चेंज' अप्रत्याशित नहीं है। मुझे लगता है इस पाजिटिव विकास के सूत्र उनकी स्थानीयता की पैठ में सुरक्षित हैं जिन्हें ढूँढ़ना चाहिए।" ('कविता का तिर्यक', पृष्ठ 25)

मंडलोई ने अपनी महत्त्वपूर्ण आलोचना में विनोद के कवि-कर्म की शिनाख्त करते हुए दूसरी बात "वे मनुष्य-भाषा की हदों को तोड़कर मनुष्य-ध्वनि में बोलने की ललक पालते हैं। इस ध्वनि लोक में वस्तु की चमक लगभग नदारद होती है किन्तु अन्तर्वस्तु उपस्थित। इसे जाग्रत इन्द्रिय-बोध का आस्वादक भीतरी पर्तों में अनुभव कर सकता है। उनका पहला काव्य-संग्रह ऐसे रचाव का परिणाम है जिसमें ऊपर से वे रूपवादी से दिखते हैं। इसे विश्लेषित करना जरूरी है।" ('कविता का तिर्यक', पृष्ठ 23)

कहने की जरूरत नहीं कि विनोद के काव्य विकास में उनकी गहरी स्थानीयता बोध की आसक्ति ने ही उन्हें अब पहले की अपेक्षा ज्यादा निर्भय, साहसी, बेलाग और काव्याभिव्यक्ति में बेलौस बनाया है। यह काव्य विकास 'वह आदमी नया गरम कोट पहिनकर चला गया विचार की तरह' (1981) और उसके ठीक दस बरस बाद प्रकाशित काव्य-संग्रह (जो उनके काव्य विकास की दृष्टि से परिवर्तनकामी है) 'सब कुछ होना बचा रहेगा' (1992) अत्यन्त विशिष्ट है। जहाँ से उनके काव्य विकास की राहों को 'ड्रैस्टिक चेंज़' के रूप में देखा जा सकता है। जिसमें 'जो है' (यथार्थ-बोध) से आगे 'जो होना चाहिए' का स्वप्न-बोध अपनी जाग्रत अवस्था में मौजूद है। मंडलोई ने

वाजिब कहा है कि "सर्जनात्मक साहित्य में जीवन दृष्टि प्रमुख है जबकि अन्य कलाओं में रूप। विनोद के दूसरे संग्रह ('सब कुछ होना बचा रहेगा') को इसी सुखद परिणाम की तरह ग्रहण करना चाहिए।" ('कविता का तिर्यक', पृष्ठ 26) इस सिलसिले में उल्लेखनीय है कि ज्ञानेन्द्रपति ने विनोद कुमार शुक्ल की खासियत में 'जीवन द्रव्य' को महत्त्वपूर्ण माना है। उनकी दृष्टि में 'जीवन द्रव्य' अर्थात पूरा जीवन जिसमें कि जीवन की गतिविधियाँ जीवन के क्रिया-व्यापार हैं, लेकिन ज्ञानेन्द्रपति ने यह नहीं बताया कि यह 'जीवन द्रव्य' कविता में हासिल कैसे होता है? जाहिर है, कविता में 'जीवन द्रव्य' की प्राप्ति बिना गहरे स्थानीयता बोध के अर्जित नहीं की जा सकती। विनोद के काव्य स्वभाव में छत्तीसगढ़ अंचल का भूगोल पूरी जाग्रत अवस्था में वर्तमान है। जिसका जीता-जागता इतिहास उनकी कविताओं में दर्ज है। वहाँ के नदी-नाले, वनस्पतियाँ, पशु-पक्षी, पर्वत-पठार, वहाँ के मेहनतकश लोगों के रोजमर्रा कर्म-व्यापार, किसान-मजूर, स्त्री-बच्चे, बूढ़ों-युवाजनों की सैकड़ों छवियाँ उनकी कविताओं में मौजूद हैं जो किसी फिल्म की रील की तरह क्रमश: कविताओं में खुलती जाती हैं। उनकी ऐतिहासिक कविता 'रायपुर विलासपुर सम्भाग' (1979) में मौजूद उनका पुश्तैनी गाँव 'नांदगाँव' उनके वंशवृक्षी रिश्ते की कविता है जिससे कवि का नाभिनाल सम्बन्ध है। इस लम्बी कविता को पढ़ते हुए पाठक सहज ही कवि के स्थानीयता बोध की जमीन और उसके रागात्मक लगाव का आकलन कर सकता है, इस कविता के समापन अंशों पर गौर करें—"*जिन्दगी में गीले मन से रिसता हुआ/पीपल की गहरी जड़ों को छूता/खेत के बीच कुएँ के अन्दर/ झरने-सा फूटूँ/मेहनत के पसीने से भींग जाऊँ/पलटकर वार करते हुए/बुरे समय के बाढ़ के पानी को दीवाल सा रोकता/बाँध का परिचय दूँ/कि मैं*

क्या हूँ आखिर/मेरी ताकत भी क्या है/बाढ़ को रोकने वाली दीवाल/छोटे से गाँव के तालाब का छोटा-सा विचार है/ बिखर गए एक-एक कमजोर को/इकट्ठा करता हुआ/ताकत का परिचय दूँ/कि मैं क्या हूँ/मेरी ताकत भी क्या है/इकट्ठी ताकत तो एक-एक कमजोर का विचार है।" ('वह आदमी नया गरम कोट पहिनकर चला गया विचार की तरह', पृष्ठ 129-30)।

देखने की बात यह है कि विनोद कुमार शुक्ल अपने परिवेश के भूगोल की पहचान करते हुए सिर्फ वहाँ की छवियों को ही दर्ज नहीं करते हैं बल्कि उनकी कविता गहरे स्तर पर स्थानीय जनजीवन में व्याप्त असमानता, भूख और गरीबी, जहालत और बदहाली की तार्किक पड़ताल करते हुए मनुष्यता के दुखों की मुक्ति के लिए बेचैन दिखती है। अगर उनकी कविता की तफ्तीश की जाए तो लगभग आधी से अधिक कविताओं में श्रमशील जीवन, जाँगर पेरते लोग-बाग पसीना पोंछते दिखाई पड़ते हैं। उनकी कवि-दृष्टि श्रम की कीमत समझती है, इसीलिए उनके यहाँ श्रमशक्ति के चेहरे निरन्तर चलते-फिरते नजर आते हैं। यहाँ बानगी के तौर पर पाठकों के लिए उनकी एक महत्त्वपूर्ण लम्बी कविता में धोबिन के श्रमजीवन की कर्मगत स्थितियों के बीच उमड़ आए वात्सल्य के ज्वार का अंश पठनीय ही नहीं बल्कि मननीय भी है—*"कपड़ों की धूपछाया में/धोबिन ने बच्चे को/क्या छोड़ा है जान-बूझकर/कि उसके रोने/या पैर पटकने के कारण/ चिड़ियों और कौव्वों से रखवाली होगी/डरकर उड़ जाएँगे शायद/नहीं तो रस्सी पर टँगे/धुले कपड़ों पर बैठने से/पंजों बीट से गन्दे हो जाने का रहता डर/हाय-हाय मैंने देखा/बच्चे के गालों पर/तमाचे मारती कमीज की बाँह की काली छाया/ पतलून के पैरों की छाया उसकी छाती पर/बच्चे को कुचल देने की चिढ़/घंटों कपड़े पछीटती/घुटनों तक पानी में खड़ी धोबिन तालाब के ऊपर/खाना लेकर इकट्ठी औरतों को*

देख/कि अब बजने ही वाला है/मजदूरों की खाने की छुट्टी का संकेत/उसका भी/अपने बेटे को दूध पिला देने का हो आया मन इसलिए/वह लौट पड़ी बच्चे की तरफ़/गीले पैर गीली जाँघें उसकी/साड़ी कसकर बँधी ऊपर/हर एक कदम पर/जाँघों पर अटकी पानी की कुछ बूँदें/झर जाती जमीन पर/हमेशा नहाया हुआ सा/गँठीला शरीर/धूप में चमकता चेहरा गीला/पानी के छींटों और पसीने से भीगा/बालों पर भी फुहार की नन्हीं बूँदें/चलते-चलते निचोड़ कर साड़ी को झटकारा था/साड़ी डली हुई अब कन्धों पर ×××× वह लौट पड़ी बच्चे की तरफ़/दूध से भरे स्तन/चोली ब्लाऊज कहाँ पहिना/ बहुत प्यार से रोते बच्चे को गोदी में लेकर/ दूध पिलाने/और साथ-साथ थोड़ी देर सुस्ताने/वह बैठ गई ज़मीन पर/वह बोली बेटे से कुछ सुस्ताकर/जैसे बहुत ज़रूरी बतलाना बेटे को/कि आज काम बहुत है/बहुत धोए कपड़े/ लौट कर जलाना होगा चूल्हा/बाप उसका दूसरे तालाब से/ लौट आया होगा/आज काम में देर हुई/कपड़े ज्यादा/और कमर में दर्द बहुत/उसका बेटा माँ के पुष्ट स्तनों के ऊपर/ रिस आए पसीने के स्वाद को/चखता होगा दूध पीने से पहले/दूध पीने का उसका अनुभव निश्चित इसी तरह का।" (*शरारतन मैंने मुड़कर देखा एक पेड़ को :* 'सब कुछ होना बचा रहेगा', पृष्ठ 96, 97, 98)।

कहने की आवश्यकता नहीं कि इस पूरे दृश्य-विधान में एक श्रमशील स्त्री के जीवन-संघर्ष के बीच उमड़े वात्सल्य बोध को जिस तरह चित्रित किया है वह कवि के वर्णन कौशल का तीव्रतम साक्ष्य है।

विनोद कुमार शुक्ल हिन्दी के उन कवियों में हैं जिनकी कविता का कथ्य, शिल्प दूर से ही चमकता है। इसलिए इधर की कविता पर विचार करते हुए सबसे पहले हमारा ध्यान विनोद कुमार शुक्ल की ओर जाता है। विनोद कुमार शुक्ल

की ख़ासियत यह है कि वे आज मौजूदा कवियों की पीढ़ियों के बीच शायद अकेले कवि हैं जो समकालीन कविता या कहें कि कविता की प्रचलित रूढ़ियों, फैशनों के विरुद्ध जाकर कविता की एक अलग राह पर चलने में यकीन रखते हैं।

इस लिहाज से देखें तो विनोद 'समयविद्ध' होने के साथ-ही-साथ 'कालविद्ध' कवि के रूप में सामने आते हैं। अपने समय में रहकर 'काल' को भेदकर कविता कैसे लिखी जा सकती है–इसका दुर्लभ उदाहरण उनका चौथा काव्य-संग्रह 'अतिरिक्त नहीं' (2000) हो सकता है। इस काव्य-संग्रह के भूगोल का जायजा लिया जाए तो यह पता करना पाठक के लिए कठिन होगा कि विनोद असल में किस भू-भाग के कवि हैं। वे आदिवासी जीवन के चितेरे कवि भी लगते हैं और प्रागैतिहासिक काल के गायक भी। आश्चर्यजनक रूप से यह काव्य-संग्रह इतिहास, परम्परा, स्मृति, संस्कृति, अध्यात्म और प्राक जीवन का अन्वेषण तो करता ही है, उनका उत्खनन भी करता है। दिलचस्प बात यह है कि उनके यहाँ काव्य की सबसे समर्थ क्रिया 'देखना' है। देखने की यह क्रिया उनके काव्य को आश्चर्यलोक में बदल देती है। फलत: वे अपनी अभिव्यक्ति में क्लासिक हो जाते हैं। शमशेर से आगे प्रस्थान। साधारण जीवनानुभवों के बीच से गुजरते हुए वे चीजों और अनुभवों को इस तरह देखते हैं जैसे लगता है ऐसे तो कभी देखा ही न था। देखने की यही अद्वितीयता उन्हें विलक्षण कवि के रूप में पेश करती है। इस संग्रह की कविताओं में 'देखने' की यह क्रिया देखी जा सकती है कि कवि चीजों, वस्तुओं, जगहों को उतना ही देखता है जितना उसे 'देखना' है। पर यह 'देखना' सिर्फ क्रिया भर नहीं है बल्कि जीने की प्रक्रिया है। देखने में जीने की यही प्रक्रिया विनोद कुमार शुक्ल को अपने समय से बाहर ले जाकर इतिहास, परम्परा, संस्कृति और यहाँ तक

कि आदिमानव तक खींच ले जाती है, जहाँ से वे सबका पुनरीक्षण करते हैं। आज की अधिकांश कविता अपने वर्तमान को देखने के लिए जिस तरह वर्तमान की सतह पर ही अपना माथा कूट रही है, उसे पता नहीं है कि वर्तमान को ठीक-ठीक देखने के लिए अतीत और भविष्य दोनों में झाँकना होता है। विनोद कुमार शुक्ल की कविता वर्तमान के यथार्थ को पकड़ने के लिए अतीत और भविष्य दोनों ओर झाँकती है। फलत: उनकी कविता में दृष्टि की बहुलता और विशिष्टता दोनों साथ-साथ प्रकट होती हैं। कुछ उदाहरण देखें—"*एक विशाल चट्टान के ऊपर/एक चट्टान इस तरह रखी हुई है/कि अभी-अभी गिरने को है/यह अभी-अभी गिरने को है पुरातन है/अभी-अभी गिरने को है जैसे शाश्वत है/अभी-अभी गिरने को है एक भविष्य है/पर जो अभी-अभी गिरने को है/कब से कभी नहीं गिर रही है/और इसके नीचे से एक रास्ता जा रहा है/यह कितना नवीन है/कि इस अभी-अभी गिरने को है चट्टान की छाया में/अभी एक चरवाहा आकर खड़ा हो गया है।* ('एक विशाल चट्टान के ऊपर')

कितने बहुत हैं/परन्तु अतिरिक्त एक भी नहीं/एक पेड़ में कितनी सारी पत्तियाँ/अतिरिक्त एक पत्ती भी नहीं/एक कोपल नहीं अतिरिक्त/एक नक्षत्र अनगिनत होने के बाद/अतिरिक्त नहीं है/गंगा अकेली एक होने के बाद। ('कितना बहुत है')

जीवन जीने की ऐसी आदत में/जब मैं मर जाऊँगा/तब कोई कहेगा/शायद मरा नहीं/तब भी मैं मरा रहूँगा/बरसात हो रही होगी/और मरने के बाद/जीवन जीने की आदत में/अपना छाता भूल जाऊँगा। ('जीने की आदत')

बहुत समीप के भविष्य और बहुत समीप के अतीत को इर्द-गिर्द लिये/रात में उपस्थित हूँ/मेरा पुराना/घुन लगी लकड़ी की पेटी में/अतीत का विस्मृत कबाड़ है/और स्मृति में नया बहुत नया। ('अब पहुँच ही गए हैं')

तपते मरुस्थल में/एक हरी पत्ती मिलने का आश्चर्य मिलता है/तो पत्ती के सूख जाने के बाद भी/सारा जीवन उस हरी पत्ती के आश्चर्य को/सहेजे समय से बुरी तरह दुर्घटनाग्रस्त होकर/आज अभी की भाषा में बोलते हुए/ भविष्य वक्ताओं की भीड़ में दबकर/भाषाविहीन मेरी चीख निकलती है/कभी धर्म और जाति के/राजनैतिक अराजनैतिक जुलूस में दबकर/धर्मविहीन जातिविहीन चीखता हूँ। ('अतीत को स्मरण')

इस अधूरे बने मकान के पीछे एक प्राचीन बड़ा मन्दिर है/पान की दुकान से सटा हुआ एक मन्दिर है/... जगह-जगह इतना प्राचीन है/कि घूमते-घूमते थक चुका हूँ/अँधेरा हुआ/ आठवीं शताब्दी के अँधेरे की तरह/मुझे लगता है वही चाय की दुकान होगी/उसके पुराने जर्जर दरवाजे को खटखटाता हूँ/ दरवाजा खुलता है/ वह दरवाजा भी मन्दिर का है/एक गरीब छोटी लड़की ढिबरी लिये खड़ी है/यह एक छोटा-सा बहुत गरीब शिव का मन्दिर है। ('उस अधूरे बने मकान के पीछे')

मैं अलख देखना चाहता हूँ/उसके होने में अपने को भस्म कर डालने का/माथे पर प्रेम का भभूत लगाए। ('यहाँ तक आने की दूरी को')

घंटे को बजाया/घंटे की ध्वनि मैंने सुनी/फिर अनुरणन/... मैं ऐसी ही निर्जनता के लिए फिरता हूँ/और प्रतीक्षा ऐसी ही/ असमाप्त होने की राह पर लौटता हूँ/घंटे का अन्तर्नाद/ मुझे सुनाई देता है/घंटे का आर्तनाद/आर्तनाद का अनुरणन/ असमाप्त मेरे साथ होता है।" ('घंटे को मैंने बजाया')

इन उद्धरणों के आलोक में विनोद कुमार शुक्ल के काव्य-संसार का जायजा मिलता है। जहाँ वे परम्परा, इतिहास की स्मृति में मनुष्य की पहचान करते हैं, यानी देखते हैं। वे अपने देखने के बारे में खुद कहते हैं, "यह देखना/देखने का अतिरिक्त है।..." यह अतिरिक्त देखना ही उनकी कवि-दृष्टि

है और उनके कवि-कर्म की अचूक सामर्थ्य भी। देखा जाए तो विनोद कुमार शुक्ल स्मृतियों के कवि हैं। उनकी कविता स्मृति का अजायबघर लगती है। उल्लेखनीय बात यह है कि स्मृति के इस अजायबघर में हर जगह साधारण मनुष्य की उपस्थिति मौजूद है। साधारण मनुष्य की इस उपस्थिति को वे इतिहास, परम्परा, संस्कृति, धर्म के भीतर जैसे जाल लगाकर छानते हैं। जैसे वे बताना चाहते हैं कि साधारण मनुष्य की इन सब जगहों में नियति क्या थी। काल के घंटे का जो अनुरणन है उसमें वे साधारण आदमी की आवाज का ही पीछा करना चाहते हैं। उस आदमी को पाने के लिए वे कहते हैं—*'मैं राजनीतिक अराजनीतिक जुलूस से दबकर/ धर्मविहीन जातिविहीन चीखता हूँ।'* उनके काव्य-संग्रह 'सब कुछ होना बचा रहेगा' में 'मुझे बचाना है' उनकी एक प्रसिद्ध कविता है। इस कविता में वे कहते हैं, *"मुझे बचाना है एक-एक कर/अपनी प्यारी दुनिया को/बुरे लोगों की नजर है/इसे खत्म कर देने को।"*

यह 'बचाना' उनकी कविता की एक ऐसी क्रिया है जो व्यापक स्तर पर इस संग्रह में भी मौजूद है। कवि सभ्यता के अतीत में जाकर ऐसा बहुत कुछ बचाना चाहता है जो सिर्फ सांस्कृतिक धरोहर नहीं बल्कि हमारे वर्तमान उजाड़ जीवन के लिए अनिवार्य उपजीव्य है। इसलिए उनकी कविता में सबसे ज्यादा जोर स्मृति को लेकर है। ऐसा लगता है कि उनकी कविता आज के समय, समाज और मनुष्य के भीतर चौतरफा व्याप्त स्मृतिहीनता को लेकर बेहद चिन्तित है। पर इस स्मृति को देखने का अन्दाज उनका अतीत के महिमामंडन का नहीं है। उल्लेखनीय तथ्य यह है कि वे स्मृति में उस साधारण जीवन, साधारण मनुष्य की आवाज पाना चाहते हैं, जो इतिहास, संस्कृति और हमारी पाँच हजार साल पुरानी परम्परा से बेदखल हैं। उनकी कविता में अतीत के आख्यान

को देखकर लगता है जैसे वे परम्परा में दूसरी परम्परा को खोजने के हिमायती हैं। मैं यहाँ विष्णु खरे से इत्तिफाक नहीं करता कि 'यह उस गहरे हिन्दुत्व की कविताएँ हैं जिनका कोई लेना-देना भाजपाई या मनुवादी हिन्दुत्व से नहीं है।' देखा जाए तो विनोद कुमार शुक्ल ने यहाँ जो स्मृति, परम्परा और धर्म का पुनरीक्षण किया है वह केवल मनुष्य दृष्टि का कायल है। वे तो खुद कहते हैं कि "मैं धर्मविहीन और जातिविहीन होकर इतिहास और परम्परा के आँगन में चीख रहा हूँ।" आज के धर्मान्ध दौर में एक कवि सिर्फ इसी निगाह से परम्परा से संवाद कायम कर सकता है। वरना धर्मान्ध शक्तियाँ कवियों, बुद्धिजीवियों को अपनी ओर खींच लेने के लिए आतुर हैं। दुर्भाग्यवश आज अनेक बुद्धिजीवी इसी भ्रमजाल के चलते वर्तमान व्यवस्था के शिकार हो गए हैं। विनोद कुमार शुक्ल इस मामले में खासे चौकन्ने हैं। वे जानते हैं कि हमें क्या चुनना है, क्या बचाना है और क्या हमेशा के लिए छोड़ देना है। कवि का परम्परा और स्मृति से कैसा सरोकार है, इस तथ्य को जानने के लिए काव्य-संग्रह की अन्तिम कविता 'पुराना ज़ंग लगा ताला कहीं दिखता है?' खास तौर पर पठनीय है। सभ्यता के इस दौर में जब बाजारवाद का जादू हमारे सिर पर चढ़कर बोल रहा है, ऐसे में परम्परा और स्मृति के दरवाजे पर जो ज़ंग लगा ताला झूल रहा है उसको खोलने के लिए हम चाभी कहीं भूल चुके हैं। कवि चेतावनी देता है—'*चुपचाप आते-जाते रहने में/पैर की ठोकर से कभी/झन्न से आवाज होती है/यह विरासत के खुले संसार के कोने में पड़ी/विरासत की ज़ंग खाई चाबियों के गुच्छे की है/ताले में बन्द मन/आगे न बढ़ पाने के कारण/खिन्न होता है/वहीं कोने में पड़ी चाबियों का झन्न होता है/कोना जो सबका कोना हो/इतना कोना नहीं कि सबके हृदय का कोना/उतना कोना भी नहीं कि दिमाग का कोना...कि पीढ़ी दर पीढ़ी/*

भविष्य के ताले जड़ जाते हैं/भविष्य के ताले में ज़ंग नहीं लगता/जब दिखता वर्तमान नया/तथा दस बाई दस फुट के कमरे की सड़क में/नई चाबी मिलने का संयोग नहीं होता।" ('पुराना ज़ंग लगा ताला कहीं दिखता है'।)

इन कविताओं को पढ़ते हुए एक बात जो विनोद कुमार शुक्ल के काव्य-विवेक की सबसे बड़ी पूँजी लगती है, उसे मैं फिर दोहराता हूँ, वह है मानवीय हस्तक्षेप के जरिये मानवीय संवेदना की सघन खोज। विनोद प्राय: अपनी कविताओं में मानवीय संवेदना की ऊष्मा भरने के लिए कहीं पर गझिन करुणा और कहीं पर दुख की करुण पुकार को मिलाकर एक ऐसा मनोलोक रचते हैं जिससे कविता बराबर उनके लिए नैतिक कार्यवाही बन जाती है। यह नैतिक कार्यवाही हमेशा साधारण मनुष्य के साथ खड़ी होती है। ऐसा करते हुए वे उच्चवर्ग के साथ मध्यवर्ग की सुविधाभोगी दुनिया की धज्जियाँ उड़ाते हैं और अपने कवि को वहाँ खड़ा करते हैं जहाँ वंचितों, पीड़ितों की दुनिया भूख से दम तोड़ रही है। इस संग्रह में ऐसी कई कविताएँ हैं जैसे हताशा में एक व्यक्ति बैठ गया था, तथा अपने हिस्से में लोग आकाश देखते हैं, कि कुछ दिनों तक, जंगल के उजाड़ में जहाँ विनोद सामाजिक और राजनीतिक यथार्थ की गहरी छानबीन करते हुए व्यवस्था की निर्मम चीरफाड़ करते हैं। तभी तो वे कहते हैं, *"सबके हिस्से की हवा वही हवा नहीं है/अपने हिस्से की भूख के साथ/सब नहीं पाते हैं अपने हिस्से का पूरा भात/बाजार में जो दिख रही है/तन्दूर में बनती हुई रोटी/ सबके हिस्से की बनती हुई रोटी नहीं है/जो सबकी घड़ी में बज रहा है/वह सबके हिस्से का समय नहीं है/इस समय।"* ('अपने हिस्से में लोग आकाश देखते हैं') आर्थिक विषमता से भरे इस समाज में जिसे हम आम आदमी मानते हैं क्या हम उस आदमी को समाज में इज्जत और प्रेम दे पाते हैं? एक गरीब आदमी की समाज

में नियति क्या है, इस सत्य को जितनी बेधकता और गहरी करुणा के साथ कवि पकड़ने की कोशिश करता है, वह मनुष्यता की खोज का दुर्लभ अनुभव है—*अधिकतर लोगों ने उसे बुरा कहा/न्यायपालिका ने बल्कि हत्यारा भी/जितना मुझे उस आदमी के अच्छे होने पर विश्वास था/उतना सत्ता और सर्वोच्च न्यायपालिका पर कभी नहीं था/वह एक गरीब आदमी था।* (कि कुछ दिनों तक) कवि ऐसे लाचार लोगों की हताशा और दुख को जानने की कोशिश करता है। वह कहता है, "*मैं व्यक्ति को नहीं जानता था/हम दोनों साथ-साथ चले/दोनों एक-दूसरे को नहीं जानते थे/साथ-साथ चलने को जानते थे।*" ('हताशा से एक व्यक्ति बैठ गया था')

जिन लोगों को आज भी विनोद कुमार शुक्ल कलावादी और रूपवादी कवि नजर आते हैं, उन्हें इस संग्रह की कविताओं से गुजरना चाहिए और अपने पूर्वाग्रह की पड़ताल करनी चाहिए। यह अलग बात है कि उनकी कविता आसानी से पकड़ में नहीं आती क्योंकि वे कविता के पहले पाठ के कवि नहीं हैं। कई बार उन्हें अन्वय करके पढ़ना पड़ता है। अपने अनोखे शिल्प-विन्यास के कारण उनकी कविता शब्दों का खेल करती है, पर देखा जाए तो यह खेल नहीं बल्कि हुनर है। यह दूसरी बात है कि उनकी कविता में इसका अच्छा-खासा दुहराव इकट्ठा हो गया है जिसे हर हाल में अब तोड़ने की जरूरत है। यह तथ्य दिलचस्प हो सकता है कि आजादी के बाद की कविता के इतिहास में रघुवीर सहाय वाक्यों, श्रीकान्त वर्मा शब्दों और अब विनोद कुमार शुक्ल क्रियाओं के कवि लगते हैं। क्रिया शब्दों का ऐसा चातुर्य भरा प्रयोग अन्यत्र दुर्लभ है।

कहना चाहिए कि विनोद कुमार शुक्ल की कविता समकालीन कविता के दृश्य पर समकालीन जीवनानुभव को प्राचीनता से, प्रकृति से मनुष्य को जिस तरह उद्घाटित करती

है उससे कविता की एक दूसरी दुनिया की खिड़की खुलती है। इस दुनिया को देखने के लिए विनोद कुमार शुक्ल जैसी 'अतिरिक्त' देखने की दृष्टि और कला चाहिए।

इस संग्रह में कवि के उपलब्ध सभी काव्य-संग्रहों से प्रतिनिधि कविताएँ चुनी गई हैं। अन्त में कुछ कविताएँ और शामिल कर ली गई हैं, जिनमें से अधिकांश अप्रकाशित और किंचित प्रकाशित भी हैं। मुझे खुशी है कि यह संचयन कवि श्री विनोद कुमार शुक्ल के जीवन के पचहत्तर वर्ष पूरे होने के विशेष अवसर पर प्रकाशित हो रहा है।

यह अलग से बताने की जरूरत नहीं कि विनोद कुमार शुक्ल की कविताएँ मुझे क्यों पसन्द हैं। उनकी कविताओं का यह चयन सम्पादित करने के पीछे मेरा काव्य-बोध ही उत्तरदायी है जो मुझे इन कविताओं से बरबस बाँधे रहा। मैं जिस जीवन को अंगीकार करके उससे लड़ता-भिड़ता, लहूलुहान होकर बार-बार जख्मी होता हूँ, उस मुश्किल घड़ी में ये कविताएँ हमसफ़र ही नहीं बनतीं, बल्कि हमारी अधीर आत्मा को फिर से लड़ने, आगे चलने की हिम्मत देती हैं। इसलिए यद्यपि यह चयन मेरी रुचि का है पर उम्मीद करता हूँ उन असंख्य पाठकों-मित्रों का भी है जो मुश्किल हालातों के बीच जिन्दगी की राह पर चलने से हताश नहीं हैं, जैसा कि विनोद जी की ये काव्य-पंक्तियाँ एक हताश व्यक्ति को सहारा देती हुई बुलाती हैं—

हताशा में एक व्यक्ति बैठ गया था
व्यक्ति को मैं नहीं जानता था
हताशा को जानता था।

31 दिसम्बर, 2012
गोरखपुर (उ.प्र.)

—अरविन्द त्रिपाठी

क्रम

मैं दीवाल के ऊपर 35

वृक्ष की सूखी 36

बाजार की सड़क 36

वह आदमी नया गरम कोट पहिनकर चला गया विचार की तरह 37

लड़की की इच्छा है 38

एक-एक सूखा पत्ता 39

मेरी एक अठन्नी 40

मेरे पेट में मेरा दिमाग 41

पेड़ की फटी खाकी वर्दी पहिनकर 42

राजनैतिक बहस में सूखे को लेकर 43

बिस्तर भूल गया था 43

मुझे उधार लेना है 46

नाके के पास 47

पाँच साल की सबसे छोटी लड़की 50

प्यारे नन्हे बेटे को 52

55 लगभग जयहिन्द

60 रायपुर बिलासपुर सम्भाग

70 जो मेरे घर कभी नहीं आएँगे

71 मानुष मैं ही हूँ

71 धौलगिरि को देखकर

72 मैं अदना आदमी

73 एक अजनबी पक्षी

74 कोसाफल के तैयार होते ही

75 जंगल के दिन भर के सन्नाटे में

77 दूर से अपना घर देखना चाहिए

78 मंगल ग्रह इस समय पृथ्वी के बहुत पास आ गया है

79 सूखा कुआँ तो मृत है

80 घर संसार में घुसते ही

81 यह चेतावनी है

82 प्रेम की जगह अनिश्चित है

83 प्रत्येक आवाज़ खटका है

84 जाते-जाते ही मिलेंगे लोग उधर के

सबसे गरीब आदमी की 84
ऐसे छोटे बच्चे से लेकर 85
जो रिक्शे में लदे-फँदे 86
बहुत कुछ कर सकते हैं
ज़िन्दगी में काम बहुत था 87
यह सड़क 89
चलने के लिए 89
मुझे बचाना है 90
समुद्र की लहर किनारे रेत में 91
सबकी तरफ से वह बोलेगा 92
चित्रकार को मेरी कविता
पसन्द नहीं 93
दुनिया जगत 94
लोगों तक पहुँचने की
कोशिश में 95
कहीं अच्छी हवा सुरक्षित थी 96
घर वालों के साथ 97
एक गुलाम देश का सूरज 98
कुछ नए लोगों से 99
अभी अपनी पचास की
उम्र में 99
उसने चलना सीख
लिया था 100
पंजाब के किसी भी गाँव में 102
एक सुन्दर लड़की को
देखना 102
पानी गिर रहा है 103
ज़िन्दगी में दर्द बेहद 104
एक टीले पर चढ़कर 105
बगीचे में केवल एक ही
पेड़ बचा है 106

107 नदी इस किनारे केवल
107 मजदूरो उस तरफ चलो
109 दुनिया इतनी अँधेरी
110 गोली की आवाज़ सुनकर
111 हताशा से एक व्यक्ति बैठ
गया था
112 एक विशाल चट्टान के ऊपर
112 अपने हिस्से में लोग आकाश
देखते हैं
113 यद्यपि नहीं होना था
114 ईश्वर अब अधिक है
115 कितना बहुत है
116 इस मैदानी इलाके में
117 सुबह है
118 जीने की आदत
119 अब पहुँच ही गए हैं
120 अतीत को स्मरण
123 मनुष्य सभ्य है
124 जलप्रपात है समीप
125 बोने को चार बीज
126 उस अधूरे बने मकान के पीछे
127 एक प्रवासी आया है
128 केवल बहुत सन्नाटा
129 आकाश अन्तरिक्ष का रस्ता
है हमारी ओर
130 कि कुछ दिनों तक
131 दुनिया में अच्छे लोगों की
कमी नहीं है
131 हजार वर्ष पुराना है कटक
132 रात को याद करता हूँ
133 छाता लेकर काम पर

दर्शन के स्थान पर भीड़ लगी है 134
पानी को 135
तुम खड़ी क्यों हो 135
इस छुआ-छुआइल के खेल में 136
एक झोंपड़ी का घोटुल था 138
घंटे को मैंने बजाया 139
दरवाजा नहीं था मन्दिर में 139
हाथ बढ़ाकर मैं भी उसे स्पर्श करता हूँ 140
अन्तिम समय तक के लिए 141
शायद 145
उछलती-कूदती 146
गाड़ी से उतरते ही 147
दीवाल में एक खिड़की रहती थी 148
बचाकर रख लेनी चाहिए हवा 148
जंगल के उजाड़ में 149
संसार छोड़ दूँगा 151
पड़ोस 151
छत्तीसगढ़ी में वह झूठ बोल रहा है 152
मैं छत्तीसगढ़िया 154
मेरी नींद एक पड़ोसी के नवजात बच्चे के रुदन से खुली 155
सबेरा हुआ तो लड़का हुआ लगता है 156
उसने मुझे बाबा कहा 156
विष्णु की प्रतिमा को समीप से नहीं देख पाया 157
छत्तीसगढ़ का जादू 158
यह मेरा पैतृक घर है 159
प्राण पखेरू 159
मैं राजनांदगाँव उतरूँगा 160
पहले हम एक ही घर में रहते थे 160
मेरा पता शुरू से ही नहीं बदला 161
मेरे बाद 162
चाहता हूँ पड़ोस में पूरा घर रहने लगे 163
गेंद का घर, मेरा घर 164
यह एक पहाड़ी गाँव है 164
यह जो छत्तीसगढ़ है 165
छत्तीसगढ़ बनने के बाद 166
अन्तिम साँस 167
मैं ईश्वर को ढूँढ़ता हूँ 168
जब पिता मार डाला गया 169
गुज़ारिश 169
यह कम दुख क्या होता है? 170
मैं उनसे नहीं कहता जो निर्णय लेते हैं 171
खर्च होना चाहता हूँ एकमुश्त 172
कोई अधूरा पूरा नहीं होता 173
वह मेरा ही पता होता है 174
दूब और हल्दी की पहली गाँठ 174

मैं दीवाल के ऊपर

मैं दीवाल के ऊपर
बैठा
थका हुआ भूखा हूँ
और पास ही एक कौआ है
जिसकी चोंच में
रोटी का टुकड़ा
उसका ही हिस्सा
छीना हुआ है
सोचता हूँ
कि हाय!
न मैं कौआ हूँ
न मेरी चोंच है–
आखिर किस नाक-नक्शे का आदमी हूँ
जो अपना हिस्सा छीन नहीं पाता!!

1960

वृक्ष की सूखी

वृक्ष की सूखी
टहनियों के समानान्तर
मैंने अपनी
दो सुन्न बाँहें फैलाईं
और फुनगी पर एकटक दृष्टि

यह चाहता हूँ
कि जब पानी आए
तो पहले आँखें भिगो दे

फिर कोई चिड़िया
मेरी बाँहों की हरियाली में
घोंसले बनाए
अंडे दे।

1960

बाजार की सड़क

बाजार की सड़क
व्यस्त आदमी
और उसके दोनों हाथों
गन्दा झोला

कहीं फटा। एक खाली और दूसरा भरा।
जिसके अन्दर
आलू भाजी गरम मसाले की पुड़िया
और मिर्चा
लाल या हरा!

काश! मैं!!
दस रुपए का नोट बनकर
उसकी झोली में पनाह पाता।

मैं अपनी ही झोली में
घुसा हुआ था।

1960

वह आदमी नया गरम कोट पहिनकर चला गया विचार की तरह

वह आदमी नया गरम कोट पहिनकर चला गया विचार की तरह।
रबड़ की चप्पल पहनकर मैं पिछड़ गया।
जाड़े में उतरे हुए कपड़े का सुबह छः बजे का वक्त
सुबह छः बजे का वक्त, सुबह छः बजे की तरह।
पेड़ के नीचे आदमी था।
कुहरे में आदमी के धब्बे के अन्दर वह आदमी था।
पेड़ का धब्बा बिलकुल पेड़ की तरह था।
दाहिने रद्दी नस्ल के घोड़े का धब्बा,

रद्दी नस्ल के घोड़े की तरह था।
घोड़ा भूखा था तो
उसके लिए कुहरा हवा में घास की तरह उगा था।
और कई मकान, कई पेड़, कई सड़कें इत्यादि कोई घोड़ा नहीं था।
अकेला एक घोड़ा था। मैं घोड़ा नहीं था।
लेकिन हाँफते हुए, मेरी साँस हूबहू कुहरे की नस्ल की थी।
यदि एक ही जगह पेड़ के नीचे खड़ा हुआ वह मालिक आदमी था
तो उसके लिए
मैं दौड़ता हुआ, जूते पहिने हुए था जिसमें घोड़े की तरह नाल ठुकी थी।

1960

लड़की की इच्छा है

लड़की की इच्छा है–
नदी बहुत बड़ी होती है।

नदी का एक बूँद पानी
बूँद भर नदी
बूँद भर गहरी
बूँद भर बही।

लेकिन लड़की कहती है
तालाब भी बहुत बड़ा होता है।
तालाब का एक बूँद पानी
बूँद भर तालाब,

बूँद भर गहरा हो गया।
बूँद भर ठहरा हो गया।

लड़की की बहुत छोटी इच्छा है।

कितनी छोटी
वह लड़की नहीं जानती।

1960

एक-एक सूखा पत्ता

एक-एक सूखा पत्ता
ठहर-ठहरकर गिरता है।

पेड़ में यह कुछ इस तरह लगातार है।
कि मैं उस पेड़ को बड़बड़ाकर
घड़ी कह देता हूँ। कलाई पर बँधी घड़ी।
साथ वाला सुन लेता है।

समय देखने के लिए बहुत समय लगता है
एक सूखा पत्ता गिरता है, जैसे एक सेकंड है।
यदि कोई पूछता है कि कितना बजा है
तो मैं गुस्से में कह देता हूँ, मुझे घड़ी देखना नहीं आता।

घड़ी देखने से गर्दन झुकानी पड़ती है।
चाहे सामने एक शीशम का बड़ा पेड़ ही हो।
पूछने वाला अफसर लगता है।
एक कोंपल हरी पत्ती बजा दिया गया है जनाब!
वह बोलता है।
चाहे दो कोंपल हरी पत्ती बजा दिया गया हो। साथ वाला बोलता है।
रिक्शा वाला पूछता है मोती बाग जाने के लिए।

साथ वाला कहीं चला गया।

1960

मेरी एक अठन्नी

मेरी एक अठन्नी
खो गई है
मैं उसे ढूँढ़ता हूँ
और मुझे मिल गया है
एक चाँदी का रुपया।
वह रुपया मेरा नहीं था
लेकिन उस रुपए में
मेरे कटे सिर का
निशान है
(तो उस अठन्नी में
जरूर मेरा धड़ होगा)
और इसलिए

पूरी मेहनत से
ढूँढ़ ही रहा हूँ
अपनी खोई हुई अठन्नी।
पर हाय! मुझे क्या पता था
कि मेरा अधूरा व्यक्तित्व
एक निन्यानबे का फेर होगा।

1960

मेरे पेट में मेरा दिमाग

मेरे पेट में मेरा दिमाग
मेरे पेट में
अकेला मैं गर्भस्थ।
अपने पेट में
अपनी ही जूठन खाकर
बढ़ रहा हूँ
मैं
मैं।
पेंसिल की नोंक चबाकर
पेट-भर सोचता हूँ।
मेरे पेट में
मेरा दिमाग
बगीचे-सा खिला हुआ है।

1960

पेड़ की फटी खाकी वर्दी पहिनकर

पेड़ की फटी खाकी वर्दी पहनकर
ठूँठ यहाँ आकर खड़े हो गए हैं।
एक के बाद एक
लगातार
सैकड़ों कतारें हैं।
इस तरह बगीचा है
या कोई फौजी टुकड़ी थककर खड़ी है।
चारों तरफ लोहे के कँटीले तार का घेरा है।
कोई पेड़ बाहर निकल आए
या किसी के पेड़ तक जाने का डर!
सख्त पहरा!!
शायद सब कैदी हैं।
या दुश्मनों का उजाड़ बगीचा है
हमारे कब्जे में।

मैं इतना थका हूँ
कि एक पेड़ से नहीं
एक बगीचे से पीठ टेककर
सुस्ता रहा हूँ

यह बगीचा मेरा नहीं है।

1966

राजनैतिक बहस में सूखे को लेकर

राजनैतिक बहस में सूखे को लेकर
मैंने किसी से नहीं कहा
कि नदी के किनारे से
एक झुंड चिड़िया उड़ी है–
जैसे एक लहर कई टुकड़ों में उड़ी है।
लेकिन, पड़ोसी कुर्सी पर ऊँघते हुए लोगों के बीच
बैठी हुई किसी चिड़िया को दिखलाकर मैंने हल्ला मचाया
कि टेबिल पर लहर का टुकड़ा है।
दस दोस्तों ने गाकर बताया
कि लहर का टुकड़ा खिड़की से आया।
दीवाल की खूँटी पर बैठा।
मुँह हाथ धोना है। इत्यादि।
और लहर का चेहरा नदी से मिलता-जुलता है।
पानी से भरी बाल्टी का चेहरा नदी से मिलता-जुलता है।
संसद के कंघी के आकार के होने की प्रक्रिया में
सरकार के सिर पर बाल नहीं थे।

1966

बिस्तर भूल गया था

बिस्तर भूल गया था।
दाढ़ी बनाने का सामान था।

बिस्तर भूल जाने से अपने ही कमरे में
रात को चहलकदमी करता हुआ मैं
खानाबदोश हो गया था।
साथ में चार दाढ़ी वाले दोस्त भी शामिल हो गए थे।
आपस में चर्चा हो रही थी।
चहलकदमी वाले कदम के
बीस कदम कमरा–बीस कदम सड़क
वहीं कमरे के अन्दर। तीन कदम चारपाई।
सिरहाने पाँच मंजिला बैंक था, जहाँ मैं नौकर था–
तकिए के नीचे रेजगारी रखने की आदत, कारण हो।

दाढ़ी बनाना नौकरी में शामिल था।
हाथ में एक नई ब्लेड लेकर
पूरी गम्भीरता से मैंने कहा कि
अँधेरा छोटे-छोटे बाल की तरह उगा था।
साथियों ने एक साथ कहा कि
बिस्तर भूल गया था और
दाढ़ी बनाने का सामान था।

अँधेरा मेरे कमरे का मुखौटा लगाता था–
कमरे के आकार का अँधेरा
चार घनिष्ठ मित्रों के आकार का अँधेरा
दीवाल पर टँगी हुई कुछ तस्वीरें राष्ट्रपति,
प्रधानमंत्री, माँ-बाप, भाई-बहिन के आकार
का अन्धकार।

दिन मेरे कमरे का मुखौटा लगाकर आता था।
और शहर घूमता था।
उभरे गड्ढे की तरह कमरे में

दरवाजा बन्द कर धँस गए।
जबकि मेरा स्वतंत्र देश
एक पक्षी था जो पिंजड़े सहित पेड़ पर जाकर बैठ गया था।
(जैसे मैं कमरे सहित घूमता था)
पीपल के पेड़ पर बैठा।
खजूर के पेड़ पर बैठा।
हुजूर के पेट पर बैठा।

रौबदार आदमी दाढ़ी बनाकर रौबदार था।
हम दाढ़ी बनाकर नौकरी करते थे।
नागरिकता में ऊँचाई
मैदान एक सपाट समतल सीढ़ी था।
जिस पर मैं चढ़ता या उतरता था
या चलता था।

इस तरह चहलकदमी करते हुए हाथ में
एक नई ब्लेड लेकर मैंने पूरी गम्भीरता से कहा था
कि अँधेरा शायद नकली दाढ़ी-मूँछ लगाकर
आया होगा।

देश की सुरक्षा के लिए चारों दोस्तों ने
और मैंने
पाँच नई ब्लेड बतौर हथियार के
समर्पित किए या आत्मसमर्पण किया था।
क्रान्ति हम लोगों से नहीं हुई थी।
और न कमरे में कोई षड्यंत्र किया था।

मुझे उधार लेना है

मुझे उधार लेना है,
पड़ोसी से हाथ मिलाते हुए मैंने कहा
कि आपसे हाथ मिला रहा हूँ और
मेरे पैसे खर्च नहीं हुए।

मुझे तुरन्त सूचना मिली
कि बहुत से लोग
बहुत रईस हैं
लेकिन मेरे पैसे खर्च नहीं हुए।

बहुत ढूँढ़कर मैंने चश्मा लगाया
मैं चल रहा हूँ
मुझमें ताकत है
मैं जिन्दा हूँ!!
रईस! रईस!!
जोर से मैं चिल्लाया–
मेरे पैसे खर्च नहीं हुए।

और बिना उधार लिये
मुझसे काफी कुछ हो गया

जबकि मेरे पास
सौ रुपए का नोट था
उसकी शक्ल
बिलकुल आपके सौ रुपए के नोट की है–
तुलजाराम सेवकराम बैंकर्स!!

मेरी शक्ल आपकी तरह नहीं है इन्दरचन्द!
मैं बिलकुल नहाया-धोया
कपड़े साफ-सुथरे
मेरी शक्ल क्या खराब है!!

आखिर मुझे क्या करना है
जब मुझे उधार लेना है?

1974

नाके के पास

नाके के पास
सड़क पर मेरा घर।

मेरा रहना शुरू होने के बाद ही
वहाँ नाका हो गया–
नाके के इस तरफ मेरा रहना,
रहना रुका हुआ।
बतौर आम सामान के
व्यापारिक संस्थान से निकला हुआ मैं
इस तरफ से
उस पार मेरा देखना,
देखना उस पार चला गया।

तुरन्त उसके पीछे-पीछे
धीरे से
फिर तेज़ी से
मेरा सोचना चला गया।
उसे जाने दिया गया।

मैं जब इस तरह अकेला हुआ
तो खाना खाने का समय हुआ
जैसे नाके के पास
अनाज के गोदाम के नीचे
चौकीदार की सिगड़ी जल रही थी
या सिगड़ी के ऊपर
अनाज का गोदाम चढ़ा हुआ–
ऐसी भूख थी।

इस बार कोयला
इस तरह गीला हुआ
कि बरसात बहुत कम हुई
और घर में
हर बार खाना खाकर उठते ही
भूख लग जाने के डर से डरा–
तो मेरा मामला
घर से अलग होकर
मारवाड़ी बासा गया,
कभी हिन्दू होटल
कभी गुजराती लॉज।

कहीं ठहरने की व्यवस्था नहीं थी
कहीं खाने की।

खाकर कुछ मैं मोटा हुआ
कुछ अक्ल मोटी हुई।

बरसात बस इतनी हुई
कि रंगीन इन्द्रधनुष के टुकड़ों की पट्टियों से
सिले हुए झोले के अन्दर
केवल तीन किलो चावल गुरमटिया।
बासमती, बादशाह भोग, चिन्नोर
किसके बोरे में चला गया?

नाके के पास
सुबह से सोमवार,
घंटों सोमवार रुका हुआ।
सोमवार मालिक के गैरेज का
ट्रक हो गया
माल ले जाता था।
मंगलवार कहाँ से आ रहा होगा?
कहाँ जाएगा?
उसमें क्या लदा होगा?

और दिन इतवार को
आराम करते समय
पीछे से लगातार
दौड़ने की आवाज़ आती
मेरे दौड़ने की आवाज़
मुझसे पिछड़ी हुई।
साल भर तक साल रुका
कितने साल रुके

थका हुआ देखा मैंने कि
बेचने के लिए
सिर पर बेंच रखकर
जाता हुआ वही बढ़ई
दो कदम बाद ही
उसी बेंच पर बैठकर सुस्ताने लगा
(वह उसे क्यों बेच रहा था?)

अपने को बैठाकर
मैं भी बैठ गया।

सिर पर बेंच रखकर
बढ़ई खड़ा हुआ
मैं अपने को लादकर खड़ा हुआ
उसे बाजार जाना था
मुझे दफ्तर
नाके के पास सड़क पर मेरा घर।

1975

पाँच साल की सबसे छोटी लड़की

पाँच साल की सबसे छोटी लड़की
दौड़ते हुए मेरे पास आई
–दादा आपकी प्रेमिका आई।

पत्नी ने उसे अपने पास बैठाया
तब तक मैं
नीचे से भागकर
ऊपर दूसरे किरायेदार के पास चला गया
जैसे तराई से पहाड़ में।

ऊपर से मैंने बताया
कि मकान मालिक
किराया मैदान में पहाड़ का
पचास रुपया लेता है
अकेला था तब जैसे
पूरा प्रान्त खाली था
तब मकान मालिक
पूरे प्रान्त का किराया
तीस रुपया लेता था।

पत्नी ने प्रेमिका से कहा
कि गुज़र हो जाती है
अब ऐसा लगता है
कि प्रान्त में नहीं
बस किराये के मकान में रहते हैं
झाड़ू-पोंछा प्रान्त में नहीं
घर में लगाते हैं
गृहस्थी बहुत छोटी है
एक लड़का एक लड़की है
दुनिया से कोई मतलब नहीं है।

मैंने कहा कि मतलब है
पलस्तर घर का नहीं

प्रान्त का झरता है
झंझट अपने रसोई-घर में ही नहीं
चूल्हे सबके हैं।

प्रेमिका उदास हो गई
गोया उसे भूख लग रही थी

घर में भी मुझे घर की याद आती है।

1976

प्यारे नन्हे बेटे को

प्यारे नन्हे बेटे को
कन्धे पर बैठा
'मैं दादा से बड़ा हो गया'
सुनना यह।

प्यारी बिटिया से पूछूँगा–
'बतलाओ आसपास
कहाँ-कहाँ लोहा है'
'चिमटा, करछुल, सिगड़ी
समसी, दरवाजे की साँकल कब्जे
खीला दरवाजे में धँसा हुआ'
वह बोलेगी झटपट।

रुककर वह फिर याद करेगी
'एक तार लोहे का लम्बा
लकड़ी के दो खम्बों पर'
तना बँधा हुआ बाहर
सूख रही जिस पर
भय्या की गीली चड्डी!
फिर–एक सेफ्टी पिन, साइकिल पूरी।

आसपास वह ध्यान करेगी
सोचेगी
दुबली-पतली पर
हरकत में तेज़ी कि
कितनी जल्दी
जान जाए वह
आसपास कहाँ-कहाँ लोहा है

मैं याद दिलाऊँगा
जैसे सिखलाऊँगा बिटिया को
'फावड़ा, कुदाली,
टँगिया, बसुला, खुरपी
पास खड़ी बैलगाड़ी के
चक्के का पट्टा,
बैलों के गले में
काँसे की घंटी के अन्दर
लोहे की गोली।'

पत्नी याद दिलाएगी
जैसे समझाएगी बिटिया को
'बाल्टी, सामने कुएँ में लगी लोहे की घिरीं,
छत्ते की काड़ी-डंडी और घमेला,

हँसिया, चाकू और
भिलाई बेलाडिला
जगह-जगह लोहे के टीले।'

इसी तरह
घर भर मिलकर
धीरे-धीरे सोच-सोचकर
एक साथ ढूँढ़ेंगे
कहाँ-कहाँ लोहा है–
इस घटना से
उस घटना तक
कि हर वो आदमी
जो मेहनतकश
लोहा है
हर वो औरत
दबी-सताई
बोझ उठाने वाली, लोहा–
जल्दी-जल्दी मेरे कन्धे से
ऊँचा हो लड़का
लड़की का हो दूल्हा प्यारा
उस घटना तक
कि हर वो आदमी
जो मेहनतकश
लोहा है
हर वो औरत
दबी-सताई
बोझ उठाने वाली, लोहा।

1978

लगभग जयहिन्द

रौबदार आदमी ने दो सोने के दाँतों की जँभाई ली
मुझे भी जँभाई आने लगी
एक आलीशान आश्चर्य की चर्चा हुई
उसमें भी विस्थापित टिपरिया होटल में
मेरा छोटा भाई तश्तरी-प्याले धो रहा था
मैंने उसे दो लात लगाई और ठीक बाएँ मुड़कर
ब्राह्मण पारा की एक गम्भीर मोटी दीवाल से
सटकर चलता गया–
रिश्तेदार मुझे दबाकर चलाता था
खड़े-खड़े मैं घसीटा गया
थककर नीचे बैठते ही
दीवाल और ऊँची हो जाती थी
छलाँग लगाने की मेहनत की तरह
फिर जीवित दिखने के लिए
इधर-उधर हिलते हुए
थोड़ी-बहुत कोशिश
छलाँग लगाने की
जिसमें ख़ास-ख़ास लोगों के लिए
दीवाल के बीच चार कीलों से ठुँका
अपना ही इकतीस साल पुराना
कपड़े पहने हुए
मात्र छलाँग लगाता हुआ एक फोटो ही
फोटो के बाएँ हाथ से
कमीज़ की जेब दबाए हुए
जेब में अठन्नी थी
या फोटो में बचत की

आठ आने की स्थिरता
और सामने चहल-पहल करती आबादी
आठ बजे रात को चली गई
मैं वहीं रहा वाला मज़ाक करता हुआ
हँसोड़ दोस्त, ब्राह्मण पारा की
गम्भीर मोटी दीवाल से
पलस्तर उखाड़ता, भागता हुआ
चौखड़िया पारा जाएगा या मसानगंज
पलस्तर के उखड़ने से
मुझे गुदगुदी होती थी
ईंटें उखाड़ेगा तो हँस दूँगा
जैसे हँसना एक गोरिल्ला उदासी होकर
एक जबर्दस्त तोड़फोड़ की कार्रवाई की तरह ठहाका मारना
जिसमें ब्राह्मण पारा की गम्भीर मोटी दीवाल की जगह
समतल मैदान वाला खेलकूद वाला मज़ाक करता हुआ
हँसोड़ दोस्त–
चर्चा ने मुझे इस तरह उखाड़ा
कि मेरी पूरी बाँह की कमीज़ उस दीवाल पर फैली थी
कमीज़ की दोनों कलाई पर कीलें ठुकी थीं

आराम करने के पहले
जिस कील में मैं कपड़े टाँगता था
वह भविष्य नहीं था
निश्चय ही हमारा भविष्य नमस्कार हो गया
जाते वक्त जयहिन्द था
लगभग जयहिन्द
सरासर जयहिन्द
एक राजनीतिक नमस्कार भाई साहब!
खुदा हाफ़िज़ सैयद गुफ़रान अहमद!!

हर बार धक्कामुक्की में अदब के साथ मुस्कुराकर
पट्टे वाली चड्डी पहने हुए मैं अलग हुआ
कन्धे पर तौलिया हो गई
जँभाई हो गई
सुबह-सुबह नहाना हो गया
साबुन की एक बट्टी हो गई
बाएँ नहानी घर हो गया
दाहिने पेशाबघर होगा
चड्डी में पत्नी की फटी पुरानी साड़ी की
मज़बूत किनार के नाड़े में गठान लगाता हुआ
परिवार हो गया
या एक लम्बी क़ीमत दिमाग़ में नाड़े की तरह पड़ी हुई
जिसकी गठान खोलने या तोड़ने की कोशिश में
मेरी हर चाल क़ानून के गिरफ्त में थी
सोचते ही विचार कमीज़ और पतलून पहनकर खड़ा हो गया
हाय! मैं चड्डी पहनकर अलग हुआ?
क्या सौम्य भुखमरी थी?
कि ख़ानसामा अच्छा खाना बनाता था
मैं नागरिक हो गया
या अनिमंत्रित रह गया
दिमाग़ के पिछवाड़े की दीवाल फाँदकर
कचहरी के पिछवाड़े के घूरे में उतरकर ज़िन्दगी दफ्तरी उपस्थित हो गई
हा! हाय! आँखों को बाँधी गई पट्टियों की
बनी हुई पट्टे वाली चड्डी में
कचहरी का न्यायाधीश नाड़े डालता हुआ बैठा था
और ऊपर की खिड़की से चमकीला बिल्ला लगाए
अर्दली मुझको घूरता था
क्या मैं दुमंजिले से नंगा दिखता था
अर्दली ने मुझको कचहरी के घूरे से

पुराने कार्बन काग़ज़, शासन सेवार्थ लिफ़ाफे
पुरानी सरकारी टिकटें ढूँढ़ते देख लिया था
इसी कार्बन काग़ज़ से
मेरे छोटे भाई की शक्ल
मुझसे मिलती-जुलती थी
कार्बन काग़ज़ से रौबदार आदमी का लड़का
हूबहू रौबदार आदमी हो गया
लेकिन मैं अपने बाप की तरह नहीं था
मैं अपने दोस्त की तरह नहीं था
मैं अपने दुश्मन की तरह नहीं था
मैं संविधान भूल गया था
न्यायाधीश की नाक बहुत लम्बी थी
मेरी नाक बेढंगी थी
क्या शक्ल थी!!
खाना खाने के बाद पान के ठेले वाली दृष्टि
या भूख लगने के बाद जँभाई वाली दृष्टि
नुकीली तेज़
अपने को ही आँखों की जगह चुभ रही थी
दौड़-धूप हुई तो ब्राह्मण पारा से भागता-भागता
हँसोड़ दोस्त ईदगाह-भाटा तक चला गया
मैं नौकरी की तरह सड़क के बाएँ चलते हुए
नौकरी की तरह बाएँ चलता रहा
नौकरी की तरह पाँच घंटे सो लिये
नौकरी की तरह चार अखबार पढ़ लिये
राम टाकीज़ या सोचकर कृष्ण टाकीज़ हो लिये
फुरसत के समय सड़क के बीच आकर
टेनिस के खेल के मैदान से दो मील दूर
आने-जाने वाली मोटर गाड़ियों
और भीड़ से होने वाली दुर्घटनाओं से

बचने का अभ्यास करता हुआ पाया गया
न टाँग टूटी, न हाथ टूटा, न विश्वविद्यालय, न कृष्णा टाकीज़
न डाक बँगला, न दिल्ली, न बनिया पारा
सही-सलामत होता हुआ, इतना ठहरा हुआ भागा
कि एक पूरी-की-पूरी
चहल-पहल-आबादी
मेरे पैरों से विस्थापित हो गई
मैं पिछड़ गया
या एक तीन मंज़िला मकान ही
मेरे पैरों से चल रहा होगा–
बोझ लादने में बेईमानी की हद है
जब कि तीन मंज़िला मकान के
केवल दो कमरों में रहता था
जिसका एक पूरा-का-पूरा कमरा पाखाना था–
जब भी लौटता था
मेरा हँसोड़ दोस्त मेरे पेट की ख़राबी का
मज़ाक उड़ाता था
या शक्ल पर जरूरत से ज्यादा कटे हुए बाल का
सोनारपारा से आते-आते रौबदार आदमी के बाप के बाल
चाँदी की तरह सफ़ेद थे
चाँदी और सोने की दुकान में
शायद बाल कटवाने घुसा होगा
मेरा बाप ख़िजाब लगाकर
मुझे सब्ज़ी बाजार में ढूँढ़ता रहा
लेकिन उसे मेरा छोटा भाई मिल गया
ईंटें पर बैठकर नउव्वे से सिर घुटाता होगा।

1965

रायपुर बिलासपुर सम्भाग

रायपुर बिलासपुर सम्भाग
हाय! महाकोशल, छत्तीसगढ़ या भारतवर्ष
इसी में नांदगाँव मेरा घर
कितना कम पहुँचता हूँ जहाँ
इतना ज़िन्दा हूँ
सोचकर खुश हो गया कि
पहुँचूँगा बार-बार
आख़िरी बार बहुत बूढ़ा होकर
खूब घूमता जहाँ था
फलाँगता छुटपन
बचपन भर
फलाँगता उतने वर्ष
उतने वर्ष तक
उम्र के इस हिस्से पर धीरे-धीरे
छोटे-छोटे क़दम रखते
ज़िन्दगी की इतनी दूरी तक पैदल
कि दूर उतना है
नांदगाँव कितना अपना!

स्टेशन पर भीड़
गाड़ी खड़ी हुई
झुंड देहाती पच्चासों का रेला
आदमी औरत लड़के लड़की
गन्दे सब नंगे ज्यादातर
कुछ बच्चे रोते बड़ी ज़ोर से
बाकी भी रुआँसे सहमे

जुड़े-सटे एक-दूसरे से इकट्ठे
कूड़े-करकट की गृहस्थी का सामान लाद
मोटरा, पोटली, ढिबरी, कंदिल
लकड़ी का छोटा-सा गट्ठा
एक टोकनी में बासी की बटकी हंडी
दूसरी में छोटा-सा बच्चा
छोटी सुन्दर नाक, मुँह छोटा-सा प्यारा
बहुत गहरी उसकी नींद
भविष्य के गर्भ में उलटा पड़ा हुआ
बहुत ग़रीब बच्चा
वर्तमान में पैदा हुआ।

भोलापन बहुत नासमझी!!
पच्चीसों घुसने को एक साथ एक ही डिब्बे में
लपकते वही फिर एक साथ दूसरे डिब्बे में
एक भी छूट गया अगर
गाड़ी में चढ़ने से
तो उतर जाएँगे सब के सब।

डर उससे भी ज्यादा है
अलग-अलग बैठने को बिलकुल नहीं हिम्मत
घुस जाएँगे डिब्बों में
खाली होगी बेंच
यदि पूरा डिब्बा तब भी
खड़े रहेंगे चिपके कोनों में
या उकड़ूँ बैठ जाएँगे
थककर नीचे
डिब्बे की ज़मीन पर।
निस्पृह उदास निष्कपट इतने

कि गिर जाएगा उन पर केले का छिलका
या फल्ली का कचरा
तब और सरक जाएँगे
वहीं कहीं
जैसे जगह दे रहे हों
कचरा फेंकने की अपने ही बीच।

कुछ लोगों को छोड़
बहुतों ने देखा होगा
पहली बार आज
रायपुर इतना बड़ा शहर
आज पहली बार रेलगाड़ी रोड रोलर, बिजली नल
छोड़कर अपना गाँव
जाने को असम का चाय बगान, आजमगढ़
कलकत्ता, करनाल, चंडीगढ़
लगेगा कैसा उनको, कलकत्ता महानगर!!

याद आने की होगी
बहुत थोड़ी सीमा
चन्द्रमा को देखेंगे वहाँ
तो याद आएगा शायद
गाँव के छानी छप्पर का, सफ़ेद रखिया
आकाश की लाली से
लाल भाजी की बाड़ी
नहीं होगी ज़मीन
जहाँ जरी खेड़ा भाजी
आँगन में करेले का घना मंडप
जिसमें कोई न कोई हरा करेला
छुपकर हरी पत्तियों के बीच

टूटने से छूट जाता
दिखलाई देता
जब पककर लाल बहुत हो जाता–
देखेंगे जब पहली बार
सुबह-शाम का सूरज
छूटकर रह गया वहाँ दिन
छूटकर सुबह-शाम का सूरज।

दूर हो जाएगी गँवई, याद आने की अधिकतम सीमा से भी
क्षितिज के घेरे से मज़बूत और बड़ा
कलकत्ते का है घेरा
कि अपनी ही मजबूरी की मज़दूरी का
ग़रीबी अपने में एक बड़ा घेरा।
नहीं, नहीं, मैं नहीं पहुँच सकूँगा नांदगाँव
मरकर भी न ज़िन्दा रह
टिकट कर दूँ वापस
चला जाऊँ तेज़ भागते
गिरते-पड़ते-हाँफते
देखूँ झोंपड़ी एक-एक
कितनी ख़ाली
क्या था पहले
क्या है बाकी
छूट गई होगी धोखे से
साबुत कोई हंडी
पर छोड़ दिया गया होगा दुख से
पैरा तिनका तक
अरहर काड़ी एक-एक।

समय गुज़र जाता है

जैसे सरकारी वसूली के लिए साहब दौरे पर
फ़िलहाल सूखा है
इसलिए वसूली स्थगित
पिटते हुए आदमी के बेहोश होने पर
जैसे पीटना स्थगित।

देखना एक ज़िन्दा उड़ती चिड़िया भी
ऊँची खिड़की से फेंक दिया किसी ने
मरी हुई चिड़िया बाहर का भ्रम
कचरे की टोकरी से फेंका हुआ मरा वातावरण
मर गया एक बैल जोड़ी की तरह
एक मुश्त रायपुर और बिलासपुर
इसे महाकोशल कहूँ या छत्तीसगढ़!!

मर गया प्रदेश
मर गई जगह पड़ी हुई उसी जगह
उत्तर प्रदेश, राजस्थान
बिहार, कर्नाटक, आन्ध्र
बिखर गई बैलों की अस्थिपंजर-सी सब ज़मीन उत्तर से दक्षिण
ज़मीन के अनुपात से
आकाश को गिद्ध कहूँ
इतना भी नहीं काफ़ी
जितना, अकेला एक गौंठिया काफ़ी
फिर मरे हुए दिन की परछाईं रात अँधेरी।

शब्द खेत शब्द पत्थर
मेड़ के नीचे धँसे पत्थर
बल्कि चट्टानें
फॉसिल हुई फसलें

दृश्य तालाब का
गड्ढे का दृश्य साफ़ है
तालाब का मंजर
पपड़ाया हुआ मन तालाब का भीतरी
जिसमें सूखी हरी काई की परत
सूख गया हरा विचार तालाब का
पार के ऊपर जाकर
मन्दिर के पास खड़ा
किसी पेड़ के जैसे एक पुराना बरगद
पेड़ का नीम सूखा
था एक पेड़ की कहानी की शुरुआत
लकड़ी के पेड़ के बबूल पीपल
लकड़ी की अमराई।

एक गरीब खेतिहर के बेदख़ल होते ही
छूटकर रह गई ज़मीन
ज़मीन का नक्शा होकर
टँग गई ज़मीन दीवाल पर
कि हिमालय एक निशान हिमालय का नक्शे में
नदियाँ बड़ी-बड़ी बस चिह्न नदियों के
पुल, रेलगाड़ी की पटरी, सड़क
और निशान समुद्रों के
नक्शा पूरा टँगा हुआ देश का दीवाल पर
कहाँ नांदगाँव उसमें मेरा घर
बहुत मुश्किल ढूँढ़ने में
पारी नाला, नदी मुहारा
रास्ता पगडंडी का
घर आँगन, एक पेड़ मुनगे का
अजिया ने जिसे लगाया था

दो पेड़ जाम के
बापजी, बड़े भैया के, और चाचा की छाया,
अम्मा से तो एक-एक ईंट घर की
और चूल्हे की आगी
बहुत थककर एक कोने में पड़ जाती
बहुत मुश्किल इन सबका उल्लेख नक्शे में।
नहीं कोई चिह्न
तालाबों में खिले हुए कमल का
तैरती छोटी-छोटी मछली
झींगा, सिंगी, बामी, कातल
कूदते नंग-धड़ंग छोटे-बड़े, गाँव के लड़कों का
तकनीकी तौर पर भी मुश्किल
यह सब नक्शे में
जब गाँव बहुत से और छोटे-छोटे हों
ग़रीब करोड़ों और रईस थोड़े हों
जब तक न वहाँ बड़े कल-कारखाने
या बाँध ऊँचे हों।

बिना जाते हुए प्लेटफ़ार्म पर खड़े-खड़े
जब याद आते हैं नांदगाँव पहुँचने के
छोटे-छोटे से देहाती स्टेशन
इधर से रसमड़ा, मुड़ीपार, परमालकसा
उधर से मुसरा, बाँकल
तब लगता है मैं कहीं नहीं
बस निकाल दिया गया दूर कहीं बाहर सीमा से–
निहारते नक्शे को नक्शे के बाहर खड़े-खड़े
लिये हाथों में एक झोला
एक छोटी पेटी का अपना वज़न–
फिर थककर बैठ जाता हूँ पेटी के ऊपर

और इस तरह खड़े-खड़े थकने से पछताता हूँ–
कि तालाब की सूखी गहराई के बीच
मैं भी तालाब का कोई छोटा-सा जीवित विचार दिखूँ
ज़िन्दगी में गीले मन से रिसता हुआ
पीपल की गहरी जड़ों को छूता
खेत के बीच कुएँ के अन्दर
झरने-सा फूटूँ
मेहनत के पसीने से भीग जाऊँ
पलटकर वार करते हुए
बुरे समय के बाढ़ के पानी को
दीवाल-सा रोकता
बाँध का परिचय दूँ
कि मैं क्या हूँ आखिर
मेरी ताक़त भी क्या है
बाढ़ को रोकने वाली दीवाल
छोटे-से गाँव के तालाब का छोटा-सा विचार है
बिखर गए एक-एक कमज़ोर को
इकट्ठा करता हुआ
ताक़त का परिचय दूँ
कि मैं क्या हूँ
मेरी ताक़त भी क्या है
इकट्ठी ताक़त तो एक-एक कमज़ोर का विचार है।

गूँजी तब गाड़ी की तेज़ सीटी
कानों में हवा साँय गूँजी
अँधेरे अधर में लहर गई एक हरी बत्ती
किसी खूँखार जानवर की अकेली आँख अँधेरे में हरी चमकी
चलने को है अब हरहमेश की रेलगाड़ी
हड़बड़ाकर मैं पेटी से उठा

कि हाथ का झोला छिटक दूर जा पड़ा
गिर गया टिफ़िन का डिब्बा झोले से बाहर
लुढ़कता खुलता हुआ
रोटी और सूखी आलू की सब्ज़ी को बिखराता
ढक्कन अलग दूर हुआ
अचानक तब इकट्ठे भूखे-नंगे लड़कों में
होने लगी उसी की छीना-झपटी
मेरी छाती में धक-धक
मेहनत को आगे भूख का ख़तरा हरहमेश
काँप गए पैर
अरे! रोक दो मत जाने दो
मजबूर विस्थापित मज़दूरों को
कहाँ गया लाल झंडा! लाल बत्ती!! गाड़ी रोकने को
आ क्यों नहीं जाता सामने सूर्योदय लाल सिगनल-सा
खींच दे उनमें से ही कोई ज़ंजीर ख़तरे की
या पहुँचे कोई इंजन तक
कर ले कब्जा गाड़ी के आगे बढ़ने पर
पलटा दे दिशा गाड़ी की
कूदें सब खिड़की-दरवाज़े से डिब्बे की
लौटें लेकर फैसले का विचार लश्कर
छोड़ दें पीछे मोह कचरे की गृहस्थी का
टट्टा कमचिल बासी की बटकी हंडी भी
पर भूल न जाए ढिबरी कंदिल
ज़रूरत अँधेरे में रास्ता ठीक देखने की।

एक ग़रीब जैसे हर जगह उपलब्ध आकाश पर
गोली का निशान गोल सूरज
रिसता रक्त-पूरब कोई सुबह
उसी सुबह एक ज़िन्दा चिड़िया का हल्ला

देखने को टोलापारा उमड़ा
सुनाई देती है सीटी उस चिड़िया की
बुलबुल ही शायद दिखलाई नहीं देती
कहाँ है? कहाँ है?
एक ने कहा–मुझे दिखी
उसे घेरकर तुरन्त जमघट हुआ
चिड़िया बुलबुल दिखाने को
बच्चों को कन्धे पर बैठाए लोग
इस तरह भविष्य तक ऊँचे लोग
सबकी इशारे पर एक टक नज़र
उधर वहाँ
'था एक पेड़' की कहानी का जहाँ ख़ात्मा
नहीं चला होगा लम्बा क़िस्सा
समाप्त बीच में ही हुआ होगा
वहीं सुरक्षित पीपल का एक बीज अंकुर
'एक पेड़ है' कहानी की शुरुआत
उसी पेड़ पर
जिस पेड़ की फुनगी को सारे आकाश का निमंत्रण

हरा मुलायम
हरा ललछौंह चमकते
नए पत्तों के बीच

बस, उसी पेड़ पर।

1979

जो मेरे घर कभी नहीं आएँगे

जो मेरे घर कभी नहीं आएँगे
मैं उनसे मिलने
उनके पास चला जाऊँगा
एक उफनती नदी कभी नहीं आएगी मेरे घर
नदी जैसे लोगों से मिलने
नदी किनारे जाऊँगा
कुछ तैरूँगा और डूब जाऊँगा

पहाड़, टीले, चट्टानें, तालाब
असंख्य पेड़ खेत
कभी नहीं आएँगे मेरे घर
खेत-खलिहानों जैसे लोगों से मिलने
गाँव-गाँव, जंगल-गलियाँ जाऊँगा।

जो लगातार काम में लगे हैं
मैं फुरसत से नहीं
उनसे एक जरूरी काम की तरह
मिलता रहूँगा–
इसे मैं अकेली आखिरी इच्छा की तरह
सबसे पहली इच्छा रखना चाहूँगा।

1987

मानुष मैं ही हूँ

मानुष मैं ही हूँ
इस एकान्त घाटी में
यहाँ मैं मनुष्य की
आदिम अनुभूति में
साँस लेता हूँ।
ढूँढ़कर एक पत्थर उठाकर
एक पत्थरयुग का पत्थर उठाता हूँ
कलकल बहती ठंडी नदी के जल को
चुल्लू से पीकर
पानी का प्राचीन स्वाद पाता हूँ।
मैं नदी के किनारे चलते-चलते
इतिहास को याद कर
भूगोल की एक पगडंडी पाता हूँ।
सन्ध्या की पहली तरैया
केवल मैं देखता हूँ।
चारों तरफ प्रकृति और प्रकृति की ध्वनियाँ हैं
यदि मैंने कुछ कहा तो
अपनी भाषा नहीं कहूँगा
मनुष्य ध्वनि कहूँगा।

धौलगिरि को देखकर

धौलगिरि को देखकर
मुझे याद आई,

धौलगिरि की तस्वीर
क्योंकि तस्वीर पहले देखी गई थी

पितामह पूर्वजों के भी चित्र हैं घर में
पूर्वजों को मैंने कभी नहीं देखा
मैं पूर्वजों को नहीं पूर्वजों के चित्र याद करता हूँ।

लेकिन धौलगिरि को देखने के बाद
मैं अपने पूर्वजों के चित्र नहीं
पूर्वजों को याद करता हूँ।

मैं अदना आदमी

मैं अदना आदमी
सबसे ऊँचे पहाड़ के बारे में चिन्तित हुआ
इस चिन्ता से मैं बाहर ही बाहर रहा आया
एक दिन इस बाहर को कोई खटखटाता है
जैसे आकाश धरती को खटखटाता है

हवा को खटखटाता है
जंगल के वृक्षों
एक-एक पत्तियों को खटखटाता है
देखें तो आकाश के नीचे
खुले में है
साथ में कोई नहीं है
दूर तक कोई नहीं

पर कोई इस खुले को खटखटाता है।

कौन आना चाहता है?
मैं कहता हूँ
अन्दर आ जाइए
सब खुला है
मैंने देखा मुझे
हिमालय दिख रहा है।

एक अजनबी पक्षी

एक अजनबी पक्षी
एक पक्षी की प्रजाति की तरह दिखा
जो खाड़ी युद्ध के
पहले बम के विस्फोट की आवाज़ से
डरकर यहाँ आ गया हो।

हवा में एक अजनबी गन्ध थी
साँस लेने के लिए
कुछ कदम जल्दी से चले
फिर साँस ली।
वायु जिसमें साँस ली जा सकती है
वह वायु की प्रजाति है
जिसमें साँस ली जा सकती है

एक मनुष्य मनुष्य की प्रजाति की तरह
साइरन की आवाज़ सुनते ही,
जान बचाने गड्ढे में कूद जाता है।
गड्ढे के किनारे टहलती हुई
एक गर्भवती स्त्री
एक मनुष्य जीव को जन्म देने
सँभलकर गड्ढे में उतर जाती है।
पर कोई मनुष्य मर जाता है।

इस मनुष्य होने के अकेलेपन में
मनुष्य की प्रजाति की तरह लोग थे।

कोसाफल के तैयार होते ही

कोसाफल के तैयार होते ही
कोसाफल तैयार हो गया की ध्वनि
मंत्र की तरह उच्चारित करते रहते होंगे
अपनी कोसाफल की समाधि में रेशम के कीड़े
और जंगल के सन्नाटे में
अनसुने रेशमी ध्वनि अर्थ का स्पर्श होता है
जंगल के आदिवासियों को
उनकी सम्पूर्ण और अर्धनग्नता में
कि कोसावस्त्रफल तैयार हो गया
उसी स्पर्श को छूते हुए
आदिवासीजन कोसाफल तोड़ने निकल जाते हैं
और मंत्रोच्चार की बढ़ती तीव्रता के

समीप होते-होते
प्रत्येक कोसाफल तक पहुँच जाते हैं।

जब कोसाफल तोड़ लिया जाता है
तो रेशम के कीड़े
बड़बड़ाना बन्द कर
जीवन का कार्य समाप्त हुआ में सुप्त हो जाते हैं।
कोसाफल लेकर जंगल के घने से
आदिवासी अपनी नग्नता में
शाखाओं, पत्तियों और हवा का
घना स्पर्श पाते हुए
लौटने लगते हैं बाजार की तरफ़।
अनेक कालों के बाद
हमारी इस सभ्यता के बाजार से
कोसाफल के बदले नमक पा लेने
या आने वाली किसी सभ्यता के बाजार से
कोई वस्त्र कपड़ा।

जंगल के दिन भर के सन्नाटे में

जंगल के दिन भर के सन्नाटे में
महुवा टपकने की आवाज़ आती है
और शाम को हर टप! के साथ
एक तारा अधिक दिखने लगता है
जैसे आकाश में तारा टपका है

फिर आकाश भर जाता है

जैसे जंगल भर जाता है

आदिवासी लड़की, लड़के, स्त्री जन
अपनी टोकनी लेकर महुवा बीनने
दिन निकलते ही उजाले के साथ-साथ
जंगल में फैल जाते हैं।

एक आदिवासी लड़की
महुवा बीनते-बीनते
एक बाघ देखती है
जैसे जंगल में
एक बाघ दिखता है।
आदिवासी लड़की को बाघ
उसी तरह देखता है
जैसे जंगल में एक आदिवासी लड़की दिख जाती है
जंगल के पक्षी दिख जाते हैं
तितली दिख जाती है–
और बाघ पहले की तरह
सूखी पत्तियों पर
जँभाई लेकर पसर जाता है।

एक अकेली आदिवासी लड़की को
घने जंगल जाते हुए डर नहीं लगता
बाघ शेर से डर नहीं लगता
पर महुवा लेकर गीदम के बाजार जाने से
डर लगता है।

बाजार का दिन है
महुवा की टोकनी सिर पर बोहे
या काँवर पर
इधर-उधर जंगल से
पहाड़ी के ऊपर से उतरकर
सीधे-सादे वनवासी लोग
पेड़ के नीचे इकट्ठे होते हैं
और इकट्ठे बाजार जाते हैं।

दूर से अपना घर देखना चाहिए

दूर से अपना घर देखना चाहिए
मजबूरी में न लौट सकने वाली दूरी से अपना घर
कभी लौट सकेंगे की पूरी आशा में
सात समुन्दर पार चले जाना चाहिए।
जाते-जाते पलटकर देखना चाहिए
दूसरे देश से अपना देश
अन्तरिक्ष से अपनी पृथ्वी
तब घर में बच्चे क्या करते होंगे की याद
पृथ्वी में बच्चे क्या करते होंगे की होगी
घर में अन्न-जल होगा कि नहीं की चिन्ता
पृथ्वी में अन्न-जल की चिन्ता
पृथ्वी में कोई भूखा
घर में भूखा जैसा होगा
और पृथ्वी की तरफ लौटना
घर की तरफ लौटने जैसा।

घर का हिसाब-किताब इतना गड़बड़ है।
कि थोड़ी देर पैदल जाकर घर की तरफ लौटता हूँ
जैसे पृथ्वी की तरफ।

मंगल ग्रह इस समय पृथ्वी के बहुत पास आ गया है

मंगल ग्रह इस समय पृथ्वी के बहुत पास आ गया है
वहाँ किसी जीव के न होने का सन्नाटा
अब पृथ्वी के बहुत समीप है
कि पृथ्वी के पड़ोस में कोई नहीं
समय पड़ने पर पृथ्वी का कौन साथ देगा
पृथ्वी के सुख-दुख
उसके नष्ट होने
और समृद्ध होने का कौन साक्षी होगा।

सुनो मेरे पड़ोसी
सबके अड़ोसी-पड़ोसी
और पड़ोस के बच्चे
जो एक-दूसरे की छतों में
कूदकर आते-जाते हैं,
मंगलग्रह इस समय पृथ्वी के बहुत समीप है–
पृथ्वी के बच्चो कूदो
तुम्हारा मंगल हो
वायु, जल, नभ
धरती, समुद्र, तुम्हारा मंगल हो

दूब, पर्वत, वन
तुम्हारा मंगल हो
मगलू! तुम्हारा मंगल हो
पृथ्वी से दूर अमंगल, मंगल हो।

सूखा कुआँ तो मृत है

सूखा कुआँ तो मृत है
बहुत मरा हुआ
कि आत्महत्या करता है

अपनी टूटी मुंडेर से
अपनी गहराई भरता हुआ
कुएँ के खोदने से निकले हुए
पत्थरों से
जो मुंडेर बनी थी।

कुएँ के तल की कुँआसी इच्छा
उसकी अन्दरूनी गहरी
बारूद से तड़कने की
परन्तु अपने ही निकले हुए पत्थरों और मिट्टी से
भरता हुआ कुआँ
कुआँ न होने की तरफ लौट रहा है,
अब यह पलायन था कुएँ का
गाँव पहले उजाड़ हो चुका था।

घर संसार में घुसते ही

घर संसार में घुसते ही
पहिचान बतानी होती है
उसकी आहट सुन
पत्नी बच्चे पूछेंगे 'कौन?'
'मैं हूँ' वह कहता है
तब दरवाजा खुलता है।

घर उसका शिविर
जहाँ घायल होकर वह लौटता है

रबर की चप्पल को
छेदकर कोई जूते का खीला उसका तलुआ छेद गया है।
पैर में पट्टी बाँध सुस्ताकर कुछ खाकर
दूसरे दिन अपने घर का पूरा दरवाजा खोलकर
वह बाहर निकला

अखिल संसार में उसकी आहट हुई
दबे पाँव नहीं
खाँसा और कराहा
'कौन है?' यह किसी ने नहीं पूछा
सड़क के कुत्ते ने पहिचानकर पूँछ हिलाई
किराने वाला उसे देखकर मुस्कुराया
मुस्कुराया तो वह भी।
एक पान-ठेले के सामने
कुछ ज्यादा देर खड़े होकर
उधार पान माँगा

और पान खाते हुए
कुछ देर खड़े होकर
फिर कुछ ज्यादा देर खड़े होकर
परास्त हो गया।

यह चेतावनी है

यह चेतावनी है
कि एक छोटा बच्चा है।
यह चेतावनी है
कि चार फूल खिले हैं।
यह चेतावनी है
कि खुशी है
और घड़े में भरा हुआ पानी
पीने के लायक है,
हवा में साँस ली जा सकती है।
यह चेतावनी है
कि दुनिया है
बची दुनिया में
मैं बचा हुआ
यह चेतावनी है
मैं बचा हुआ हूँ।
किसी होने वाले युद्ध से
जीवित बच निकलकर
मैं अपनी
अहमियत से मरना चाहता हूँ

कि मरने के
आखिरी क्षणों तक
अनन्तकाल जीने की कामना करूँ
कि चार फूल हैं
और दुनिया है।

प्रेम की जगह अनिश्चित है

प्रेम की जगह अनिश्चित है
यहाँ कोई नहीं होगा की जगह भी कोई है।

आड़ भी ओट में होता है
कि अब कोई नहीं देखेगा
पर सबके हिस्से का एकान्त
और सबके हिस्से की ओट निश्चित है।

वहाँ बहुत दोपहर में भी
थोड़ा-सा अँधेरा है
जैसे बदली छाई हो
बल्कि रात हो रही है
और रात हो गई हो।

बहुत अँधेरे के ज्यादा अँधेरे में
प्रेम के सुख में
पलक मूँद लेने का अन्धकार है।
अपने हिस्से की आड़ में

अचानक स्पर्श करते
उपस्थित हुए
और स्पर्श करते, हुए बिदा।

प्रत्येक आवाज़ खटका है

प्रत्येक आवाज़ खटका है
बच्चे का माँ! कहकर पुकारना
खत्म होती हरियाली में
बीज से अंकुर का निकलना
खाली मुट्ठी में बन्द हवा का छूटकर
जमीन पर गिरना खटका है।
पानी पीना और रोटी चबाना भी

बचाओ! बचाओ!! चिल्ला सकने वाले लोग
बचाओ भी नहीं चिल्लाते
कोई बचा है
यह पूछने वाला भी नहीं बचेगा
लगता है दुनिया को नष्ट करने का धमाका
अभी शायद हो
हो सकता है ज़िन्दगी को नष्ट करने के धमाके के पहले
ज़िन्दगी का बड़ा धमाका हो।

जाते-जाते ही मिलेंगे लोग उधर के

जाते-जाते ही मिलेंगे लोग उधर के
जाते-जाते जाया जा सकेगा उस पार
जाकर ही वहाँ पहुँचा जा सकेगा
जो बहुत दूर सम्भव है
पहुँचकर सम्भव होगा
जाते-जाते छूटता रहेगा पीछे
जाते-जाते बचा रहेगा आगे
जाते-जाते कुछ भी नहीं बचेगा जब
तब सब कुछ पीछे बचा रहेगा
और कुछ भी नहीं में
सब कुछ होना बचा रहेगा।

सबसे गरीब आदमी की

सबसे गरीब आदमी की
सबसे कठिन बीमारी के लिए
सबसे बड़ा विशेषज्ञ डाक्टर आए
जिसकी सबसे ज्यादा फीस हो

सबसे बड़ा विशेषज्ञ डाक्टर
उस गरीब की झोंपड़ी में आकर
झाड़ू लगा दे
जिससे कुछ गन्दगी दूर हो।

सामने की बदबूदार नाली को
साफ कर दे
जिससे बदबू कुछ कम हो।

उस गरीब बीमार के घड़े में
शुद्ध जल दूर म्युनिसिपल की
नल से भरकर लाए।
बीमार के चीथड़ों को
पास के हरे गन्दे पानी के डबरे
से न धोए
कहीं और धोए।
बीमार को सरकारी अस्पताल
जाने की सलाह न दे।
कृतज्ञ होकर
सबसे बड़ा डाक्टर सबसे गरीब आदमी का इलाज करे
और फीस माँगने से डरे।

सबसे गरीब बीमार आदमी के लिए
सबसे सस्ता डाक्टर भी
बहुत महँगा है।

ऐसे छोटे बच्चे से लेकर

ऐसे छोटे बच्चे से लेकर
जिनके हाथ साँकल तक नहीं पहुँचते
घर का कोई भी दौड़ता है

दरवाज़ा खोलने
जिसे सुनाई देती है
दरवाज़ा खटखटाने की आवाज़।

थोड़ी देर होती दिखाई देती है
तो चारपाई पर लेटे-लेटे
घर के बूढ़े-बूढ़ी
चिन्तित हो सबको आवाज़ देते हैं
कि दरवाज़ा खोलने कोई क्यों नहीं जाता?
पर ऐसा होता है
कि दरवाज़ा खुलते ही
स्टेनगन लिये हत्यारे घुस आते हैं
और एक-एक को मारकर चले जाते हैं।
ऐसा बहुत होने लगता है
फिर भी दरवाज़े के खटखटाने पर
कोई भी दौड़ पड़ता है
और दरवाज़ा खटखटाए जाने पर
दरवाज़े बार-बार खोल दिए जाते हैं।

जो रिक्शे में लदे-फँदे

जो रिक्शे में लदे-फँदे
बस अड्डे की तरफ से आते दिखे थे
मेरे पड़ोस में आए
तब मैं सोच रहा था
किसके घर जाएँगे

और वे मेरे पड़ोस में आए
मुझे अच्छा लगा।

और अच्छा लगता मैं उन्हें स्टेशन पर देखता
वे मेरे घर आ जाते, कोई ऐसे सम्बन्धी की तरह
जिन्हें मैंने कभी नहीं देखा था
उत्तर प्रदेश के एक गाँव में रह रही
उस बड़ी बहिन की तरह
जिससे सम्बन्ध टूट गए
जब मैं पैदा भी नहीं हुआ था
मुझसे भी बड़े उनके बेटे हैं।

यह नगर ऐसा है
कि यहाँ मेरा घर
और पड़ोसी बसते हैं
यहाँ जो आता है
या तो मेरे घर आता है
या मेरे पड़ोस में
यहाँ घूमने लायक दो ही जगहें हैं
बस स्टैंड या गाड़ी का स्टेशन।

बहुत कुछ कर सकते हैं ज़िन्दगी में काम बहुत था

बहुत कुछ कर सकते हैं ज़िन्दगी में काम बहुत था
कुछ भी नहीं कर सके की फुरसत पाकर

मैं कमजोर और उदास हुआ।
ऐसी फुरसत के अकेलेपन में
दुख हुआ बहुत
पत्नी ने कातर होकर
पकड़ा मेरा हाथ
जैसे मैं अकेला छूट रहा हूँ
उसे अकेला छोड़।
बच्चे मुझसे आकर लिपटे
अपनी पूरी ताकत से
मैंने अपनी ताकत से उनको लिपटाया
और जोर से
पत्नी-बच्चों ने मुझे नहीं अकेला छोड़ा
फिर भी सड़क पर गुजरते जाते
मैं
हर किसी आदमी से अकेला छूट रहा हूँ
सबसे छूट रहा हूँ
एक चिड़िया भी
सामने से
उड़कर जाती है
अकेला छूट जाता हूँ।
चूँकि मैं आत्महत्या नहीं कर रहा हूँ
मैं
दुनिया को नहीं छोड़ रहा हूँ।

यह सड़क

यह सड़क
जा रही है कहूँगा–
मैंने देखा
सड़क पर एक मजदूर जा रहा था।

आदमी तो फिर भी अलाल है
पिछड़ गया है
उसे लेने–
यह सड़क लौट रही है कहूँगा
जो उस मजदूर के द्वारा
पीछे छूटी हुई थी।
उस मजदूर तक पहुँचने के लिए
मुझे दौड़ने की पड़ी थी।

चलने के लिए

चलने के लिए
जब खड़े हुए
तो जूतों की जगह
पैरों में
सड़कें पहिन ली
एक नहीं दो नहीं बदल-बदलकर
हजारों सड़कें

तंग ऊबड़-खाबड़
बहुत चौड़ी सड़कें।
खूब चलें
कि ज़िन्दगी के नजदीक आने को
बहुत मन होता है
वाकई! ज़िन्दगी से होती हुई
कोई सड़क जरूर जाती होगी–
मैं कोई ऐसा जूता बनवाना चाहता हूँ
जो मेरे पैरों में ठीक-ठाक आए।

मुझे बचाना है

मुझे बचाना है
एक-एक कर
अपनी प्यारी दुनिया को
बुरे लोगों की नजर है
इसे खत्म कर देने को।

सबसे पहले
घर के सामने के
नीम की शाखा तोड़
मैंने मारा नीम को
भाग यहाँ से पेड़
दूर भाग जा।
घर को पीटा।
दीवालों दरवाजों को

उसी नीम की शाखा से
भाग! भाग! यहाँ से घर।

कोई मुझे करे बेदखल
मेरे घर मेरी दुनिया से
फिर अपने को बचाने
जाने कितना समय लगे
भाग यहाँ से घर।
भाग! भाग! मेरी दुनिया सबकी दुनिया
बहुत दूर किसी और जगह
बची रह जाकर।

मैं यहीं रहूँगा
लड़ता-भिड़ता
मैं जानता हूँ
कोई दूसरा लोक नहीं
नहीं परलोक
मरकर या
बचकर मैं अपनी ही दुनिया में जाऊँगा
जो करती होगी इन्तजार मेरे बचने का।

समुद्र की लहर किनारे रेत में

समुद्र की लहर किनारे रेत में
पानी की परत होते तक आई
और लौट गई।

फिर फैला दी गई पानी की गीली चदरिया किनारे
और गीली की गीली खींच ली गई बार-बार
जो क्रम है,
रायपुर के पास सेलुद गाँव की बच्ची
स्लेट पट्टी के गलत लिखे को पानी से मिटाकर
पट्टी को हवा में झुलाते हुए गाती है
—समुद का पानी समुद में जाए
मोर पट्टी सुखा जाए।
फिर सही लिखे को पानी से मिटाकर
पट्टी को हवा में झुलाते हुए गाती है—
समुद का पानी समुद में जाए
मोर पट्टी सुखा जाए।
अन्त:करण तक पानी से भरे समुद्र से
स्लेट पट्टी तक पानी आता है
और लौट जाता है
यह ज्वार-भाटा है।

सबकी तरफ से वह बोलेगा

सबकी तरफ से वह बोलेगा
वही तो!
कुछ बात नहीं की जिसने मुझसे
चाय पीते हम दोनों सड़क पर खड़े रहे चुपचाप।
वही!!
उसे देखकर मुहल्ले के
सारे गरीब, औरत, बच्चे

हुए इकट्ठे एक-एक कर
सबने अपनी बात कही
वह सुनता रहा
उसी तरह चुपचाप
एक बूढ़ा तो अपने दुख से
फफक पड़ा
उसके आँसू पोंछ
वह आगे बढ़ा साथ सबके
लेकर गहरी साँस
पर लगा, शरीर की कमजोरी उसकी
अभी तक गई नहीं
पिछले दिनों बहुत बीमार रहा वह
पर आँखों की चमक वही
कोई फर्क नहीं
वही!!
जो हमेशा इस तरह होता है चुपचाप
कि अब जोर से बोलेगा अचानक किसी वक्त
पहले भी यही बात थी
अभी भी यही बात है
जबकि पिछले दिनों
कुछ गुंडों ने उसकी जबान काट दी।

चित्रकार को मेरी कविता पसन्द नहीं

चित्रकार को मेरी कविता पसन्द नहीं,
दिन में दिन के उजाले का रंग

रात में रात के उजाले का
अँधेरा तो दिन-रात का है।
संगीतकार को भी मेरी कविता पसन्द नहीं
रात के सभी तारों से
एक-एक तार खींचकर
गोल पृथ्वी में कसा हुआ तम्बूरा
या अपनी सबकी पसन्द के
अकेले ध्रुवतारे से खींचकर एकतारा
घूमें लेकर गली-गली
गली-गली का नारा।
चित्रकार का चित्र
संगीत संगीतकार का मुझे पसन्द है।

दुनिया जगत

दुनिया जगत
जगत कुएँ का।
जिस पर जाने कैसे
चढ़ा एक नन्हा बच्चा।
आवाज़ नहीं दी मैंने उसको
चौंककर कुएँ के अन्दर गिर जाता तो!!

चुपचाप धीरे-धीरे चला
सँभलकर उठाया मैंने गोद में उसको।
बस इतना मैं चुप रहा

इतना धीरे चला
बहुत चुप बहुत धीरे चला।

लोगों तक पहुँचने की कोशिश में

लोगों तक पहुँचने की कोशिश में
दो-चार लोगों ने
सबसे मुझे अलग किया।
मुझको सुनसान किया।
बड़ा नुकसान किया।
लोगों की बात करने की कोशिश में
एकदम चुपचाप किया
एक कदम सोचकर रखता तो
धक्के खाकर गिरता पीछे चार कदम
अपने सुनसान में हरदम।
मेरा सुनसान
मुझसे कब तक कितना भरा रहे।
सोच-सोच कुछ बड़ा रहे
हँसी-खुशी से भरती जाती–
दुनिया के लिए
मेरी खाली जगह बची रहे।

कहीं अच्छी हवा सुरक्षित थी

कहीं अच्छी हवा सुरक्षित थी
जो साइकिल से भाग रहा था
वह भी पड़ा है
पड़ी हुई साइकिल के पास
भागने में उसे देर हुई।
उस वक्त भी साइकिल के चकों में भरी
शुद्ध हवा तो थी।

शुद्ध हवा मोटरकार के चकों में भरी थी
कि कुछ देर से भागे
दरवाजे के शीशे चढ़ाकर
पर बच गए आखिर

दम घुट गया उस नन्ही बच्ची का
पेड़ के नीचे जो मरी पड़ी है
उसके हाथ में जो बड़ा-सा फुग्गा है
यद्यपि अभी कुछ पिचक गया है
फिर भी फुग्गे में शुद्ध हवा तो थी।
बस उतनी हवा और होती उसके फेफड़े में तो
चार कदम आगे जाकर वह मरती।

पिता ने फुलाया था उसका फुग्गा–
मृत पिता की साँस
अभी तक फुग्गे में सुरक्षित है
मृत बच्ची के पास!!!
अपनी बच्ची को एक फूला फुग्गा देकर

मैं कुछ बुरा सोचता हूँ।

घर वालों के साथ

घर वालों के साथ
तस्वीरें हैं मुस्कुराते हुए
दोस्तों के साथ होगी फोटो
यह भी हो
कि पहले मित्र रहा होऊँ
जब तस्वीर खिंची थी।

पिता के साथ मेरी फोटो खिंची नहीं
बहुत पहले मर गए
और यह काम
बहुत महँगा रहा शुरू से।

अजनबी बाहर वालों के साथ
नहीं मेरी तस्वीर
कि अलग-अलग
सबके साथ हँसते हुए
या कई हँसते हुए लोगों के बीच
अकेला मैं मुस्कुराते हुए

लोगों के नष्ट
और बिछड़ने के उलटफेर में भी
जगहें वहीं हैं!

पर दुनिया में, छुपी हुई
निश्चिन्त जगहें कितनी
लोग कितने निश्चिन्त
परन्तु जमाने से, मुस्कुराते हुए
फोटो खिंचवाने का रिवाज
अच्छा है।
इस रिवाज को तोड़ने का मन नहीं हुआ है।

1985

एक गुलाम देश का सूरज

एक गुलाम देश का सूरज
गुलाम ही है
गुलाम, चन्द्रमा, चाँदनी
सुख-दुख भी गुलाम
हवा, हरियाली, उड़ता पक्षी
औरत और नवजात बच्चा भी
गुलाम।
नेलसन मंडेला!!
इस दुनिया का अकेला सूर्य
अभी भी स्वतंत्र नहीं है
जो तुम्हारा सूरज है
वही हमारा भी।

कुछ नए लोगों से

कुछ नए लोगों से
मेल-जोल हो जाएगा
कुछ नई जगह
देख लेने का होगा मौका
और एक अपरिचित जगह जाकर
बस जाने की होगी इच्छा
बहुत से परिचित सुख
और थोड़े से दुख अपरिचित
का सामान लेकर
पत्नी-बच्चों के साथ
इस अते-पते
और बेठिकानों से भरे संसार में
कहीं एक पता
बनने के पहले तक रहकर
रहते रहने का मन
इस समय
पृथ्वी में निवास करना है।

अभी अपनी पचास की उम्र में

अभी अपनी पचास की उम्र में
मुझे यह मालूम हो कि मैं साठ का हूँ
तो मुझे खुशी होगी

कि मैं पचास के बाद
इक्यावन में मर सकता था
और साठ का हो गया।
पूरे दस वर्ष का जीना
पता नहीं चला
सब मुफ्त हो गया।
कोई आफत नहीं आई
एक नए पैसे का कर्जा नहीं हुआ
जैसे दस वर्ष नौकरी नहीं की
और काम-काज चलता रहा।
वे कोई दूसरे वर्ष थे
जो कठिन बीते
और बीत गए
ये दस वर्ष उपराहा
और जुड़ गए।
पर कहीं ऐसा तो नहीं
कि मैं पचास का हुआ
और साठ का दिखने लगा।

उसने चलना सीख लिया था

उसने चलना सीख लिया था
शाम को घूमकर
कुछ देर पैदल
घर लौटते समय
थककर उसने कहा

‘घर नहीं आता’
जिद में ज़मीन पर वह बैठ गया
माना तभी,
जब गोद में उसे लिया गया।
गोद में लेकर चलने का
अभ्यास नहीं था
चाल थकी सरीखी
उतरकर
वह पैदल चलता
तभी ठीक था।

घर दिखने लगा
तो उसका उत्साह बहुत था
गोदी से उतरा अपने-आप
वह खड़ा हो गया
जैसे उसे भी घर ने
दूर से पहिचान लिया हो
घर अब उसके पास खुद आएगा
रुके हुए इन्तजार किया हो।

‘घर नहीं आता’
कहकर वह दौड़ा
घर की तरफ हाथ फैलाए
छोटे-छोटे पैर
उसने दौड़ना सीख लिया था।

पंजाब के किसी भी गाँव में

पंजाब के किसी भी गाँव में
कोई न कोई आता रहता है
हत्यारे पहले कभी नहीं आए थे
वे भी आ गए
अन्ततः नहीं आएँगे।
मित्र आते रहते हैं
फिर भी मित्र आ सकते हैं
सखा बन्धु आते रहते हैं
और आएँगे।

यहाँ सड़क है
बस रुकती है
रेलगाड़ी का छोटा स्टेशन भी
यहाँ भीड़भाड़ और आमदरफ्त
सखा बन्धु से है।

एक सुन्दर लड़की को देखना

एक सुन्दर लड़की को देखना
सौन्दर्य को सुन्दर देखना है

वह अकेली सुन्दर लड़की
जब वह आई जब वह गई

बहुतों ने उसे देखा

वह चली जाएगी
शायद चली जाएगी
सचमुच चली जाएगी

जिन लोगों ने उसे देखा
उन लोगों ने उसे देख लिया।

पानी गिर रहा है

पानी गिर रहा है,
बरसात की जगह–
जहाँ मैं रह रहा हूँ
बरसात का मेरा घर
बरसात की मेरी सड़क
बार-बार भीगते हुए
बरसात का मूल निवासी
अरी! बरसात की गीली चिड़िया
पंख फड़फड़ा
शाखा पर भीगते बैठी रह
अभी आकाश बरसात का है
पानी के बन्द होते ही
बरसात से सब कुछ होगा निर्वासित
मैं भी!

अपने मूल निवास का यही तिलिस्म है।

ज़िन्दगी में दर्द बेहद

ज़िन्दगी में दर्द बेहद
सिर में पीड़ा
दुख-दर्द दुनिया का भरा अहसास भारी
नजर उठाकर जो ताकता आकाश
गोया दुख रहा आकाश
बहुत होती है पीड़ा
बुरा हुआ
कि मर गया वह
खतम हो गया।
जगह-जगह भूरे बादलों का ढेर–
चिता की लकड़ियों का ढेर
सूर्य अग्नि है जब
जल उठेगा सब
मृत्यु का यदि कोई आकार
तो आसमान जितना ही विशाल
यह ज़िन्दगी बहुत छोटी
फिर मौत का क्यों इतना बड़ा विस्तार
लगने लगा है रात का डर इस तरह
कि आसमान के कपाल का चन्द्रमा
किसी की ठोकर से लुढ़का
ठंडी चिता से निकल आया बाहर
अपनी पृथ्वी भी

कपाल-सी लुढ़कती दिखती होगी
किसी महाविनाश के बाद
अन्तरिक्ष की जमीन से
बस थोड़ी-सी बड़ी दिखती होगी वह
मेरी खोपड़ी से–
इस सिरदर्द के साथ,
अपनी खोपड़ी का हेलमेट
किसी तरह पृथ्वी को
पहिनाना चाहता हूँ।

एक टीले पर चढ़कर

एक टीले पर चढ़कर
दुख से थोड़ा उबर गया
मेरे अलावा यह सुख
किसी को पता नहीं क्या?
सब कुछ दुखों में डूबा तब
यह टीला
निर्जन
टापू-सा मुझे मिला
रात में चन्द्रमा कुछ बड़ा दिखा यहाँ से
तारे दिखे बहुत।

आकाश सभी के इकट्ठे सुख से,
जो किसी को कभी मिला नहीं किसी से
भारी होकर रोज

नीचे आता है क्या!
–हम लोगों के पास!!

पर सबके दुख से भारी होकर यह जमीन
और नीचे
ज्यादा गहरी
रोज-रोज, हो जाती है क्या!

पर मेरे टीले पर चढ़ने का
जो सुख मुझे मिला
आकाश उसी से इतना हल्का हुआ
कि पृथ्वी से कुछ दूर
और ऊपर हुआ
चन्द्रमा कहीं दिखा नहीं
तारे दिखे बहुत कम
मैं फूट-फूटकर रोते हुए
टीले से नीचे उतर गया।

बगीचे में केवल एक ही पेड़ बचा है

बगीचे में केवल एक ही पेड़ बचा है
या पेड़ में पूरा बगीचा पुता है।
पेड़ जैसे सरकारी घोषणा है बगीचे के लिए।
जबकि पेड़ पर चढ़ना मना है।
सम्मान के लिए अपने पैरों पर चढ़कर
साढ़े पाँच फुट की ऊँचाई तक।

मर गए! ज़िन्दगी की इतनी ही ऊँचाई तक।
सिर झुकाकर कुछ इंच और कम हो गए।

नदी इस किनारे केवल

नदी इस किनारे केवल
या केवल उस किनारे
या मँझधार ही पूरी वह
प्यार में नदी समझ में नहीं आती
नदी में भींगने से
लगता है
बरसात में भींगा
बिना छाता लिये
जब कभी टहलने निकला
बाढ़ में डूबी उलटी नाव की
छत के नीचे
हमारा घर बसा है।

मजदूरो उस तरफ चलो

मजदूरो उस तरफ चलो
चलते रहो निहत्थे

रोक देने के लिए जिस तरफ
हथियारबन्द पुलिस खड़ी है रस्ते पर
बढ़ो बढ़ते रहो उसी तरफ निहत्थे ऐसे
कि हाथ में वह फूल की टहनी भी न हो
जिसमें खिला फूल एक
दो अधखिली कली हो।

निहत्थे बढ़ो ऐसे
कि जेब में चिट्ठी भी न हो घर की
जिसमें माँगा कुछ नहीं गया तुमसे
और पूछा नहीं गया सोच-समझकर
कि पगार मिला या नहीं अभी तलक
और इतने सारे दुख तकलीफों की
एक भी बात नहीं लिखी।

बढ़ो खाली हाथ निहत्थे एकदम
कि एक खाली झोला भी न हो तुम्हारे हाथों में
उलट दो बाहर खाली जेबें
बीड़ी माचिस से भी कर दो खाली
यदि जेब में हो पचास-पचहत्तर पैसे
तो उस दुकानदार को दे डालो
जिसकी उधारी कब से तुम पर
जाने कितने रुपयों की
बल्कि उतारकर फेंक दो अपनी कमीज
उसके गल्ले पर
यदि कमीज कुछ ठीक-ठाक हो
या फटी हुई तब भी
और बढ़ो उघारी छाती लेकर एक साथ सब
ऐसे ही निहत्थे खाली पेट उसी तरफ

जिस तरफ हथियारबन्द पुलिस खड़ी है रस्ते पर
तुम पर तब भी गोली चलेगी।

1981

दुनिया इतनी अँधेरी

दुनिया इतनी अँधेरी
कि एकदम अँधेरा
मरने की नींद सोने लायक
पर रात को बत्ती बुझाकर
सोने की आदत का मैं क्या करूँ?
घर की खिड़की के पल्लों को बन्द कर सकूँगा
बाहर पूर्णिमा के चाँद पर बादल डालने की चिन्ता।

बत्ती बुझाकर सोने की, बिगाड़ ली ऐसी आदत
न सोने की
कि कृष्ण पक्ष भी सो नहीं सकूँगा
जबकि जानता हूँ एक तारा भी
चमक रहा होगा बाहर।
बरसाती काली रात में घुप्प अँधेरे में
यदि तेज़ हवा के कारण
नहीं जलेगी कोई ढिबरी
तो एवज में
अचानक जोर की बिजली चमकती।
सोचता हूँ यह दुनिया कुछ कम अँधेरी होती–

कमरे की बत्ती की आदत पड़ जाने के लिए
मैं सो जाता भूल से बत्ती जलती रहती
पर बिगड़ी कुछ ऐसी आदत
कि मौत भी नहीं आएगी शायद–
रात-दिन जागकर मेरी ज़िन्दगी दुगुनी।

1984

गोली की आवाज़ सुनकर

गोली की आवाज़ सुनकर
पेड़ की सारी चिड़ियाँ उड़ गईं
पर मरने वाला एक आदमी है
चिड़ियाँ बेकार डरीं।

इतने अनिश्चय की स्थिति में
कि कब कौन आदमी अचानक मारा जाएगा
लोगों के लिए
जीवन भरपूर और निश्चित हो गया है–

जैसे स्कूल के समय
स्कूल जाने वाले बच्चे अधिक दिखते हैं
बस में पूरे परिवार के साथ सफर अब भी होता है
भीड़ और धक्का-मुक्की उतनी ही है
गरमी अधिक पड़ने से
अब अधिक लोग रात में घर के बाहर सोते हैं।

देर रात को दोस्तों के घर से लौटने वाले लोग
कहीं ज्यादा हैं
और बहुत याराना है।

ऐसे में यह सब कि कौन मारा जाएगा
मौत के लिए लापरवाही हो
पर जीवन की सबसे अधिक परवाह ऐसी ही हो
शायद पंजाब में इस साल भी फसल अच्छी हो।

हताशा से एक व्यक्ति बैठ गया था

हताशा से एक व्यक्ति बैठ गया था
व्यक्ति को मैं नहीं जानता था
हताशा को जानता था
इसलिए मैं उस व्यक्ति के पास गया
मैंने हाथ बढ़ाया
मेरा हाथ पकड़कर वह खड़ा हुआ
मुझे वह नहीं जानता था
मेरे हाथ बढ़ाने को जानता था
हम दोनों साथ चले
दोनों एक-दूसरे को नहीं जानते थे
साथ चलने को जानते थे।

[कवि के अनुसार 'हताशा से एक व्यक्ति बैठ गया था' शीर्षक कविता से 'पुराना ज़ंग लगा ताला कहीं दिखता है' तक की कविताएँ नौवें दशक के आरम्भ से सन् 2000 के बीच लिखी गई हैं। (सं.)]

एक विशाल चट्टान के ऊपर

एक विशाल चट्टान के ऊपर
एक चट्टान इस तरह रखी हुई है
कि अभी-अभी गिरने को है
यह अभी-अभी गिरने को है पुरातन है
अभी-अभी गिरने को है जैसे शाश्वत है
अभी-अभी गिरने को है एक भविष्य है
पर जो अभी-अभी गिरने को है
कब से कभी नहीं गिर रहा है
और इसके नीचे से एक रास्ता जा रहा है
यह कितना नवीन है
कि इस अभी-अभी गिरने को है चट्टान की छाया में
अभी एक चरवाहा आकर खड़ा हो गया है।

अपने हिस्से में लोग आकाश देखते हैं

अपने हिस्से में लोग आकाश देखते हैं
और पूरा आकाश देख लेते हैं
सबके हिस्से का आकाश
पूरा आकाश है।
अपने हिस्से का चन्द्रमा देखते हैं
और पूरा चन्द्रमा देख लेते हैं
सबके हिस्से की जैसी-तैसी साँस सब पाते हैं
वह जो घर के बगीचे में बैठा हुआ

अखबार पढ़ रहा है
और वह भी जो बदबू और गन्दगी के घेरे में जिन्दा है।
सबके हिस्से की हवा वही हवा नहीं है।
अपने हिस्से की भूख के साथ
सब नहीं पाते अपने हिस्से का पूरा भात
बाजार में जो दिख रही है
तन्दूर में बनती हुई रोटी
सबके हिस्से की बनती हुई रोटी नहीं है।
जो सबकी घड़ी में बज रहा है
वह सबके हिस्से का समय नहीं है।
इस समय।

यद्यपि नहीं होना था

यद्यपि नहीं होना था
शुरू में तो यद्यपि नहीं होना था
यद्यपि चावल खरीदने निकला की जगह
बिना यद्यपि के चावल खरीदने निकला होना था
जबकि यह शहर
वैसे बहुत शहर नहीं
जबकि कुछ लोग
रस्ते में मिलते हैं
जो एक-दूसरे को जानते हैं
जबकि ज्यादा जान-पहचान होने के बाद भी
मैं अनाज उसी भाव से खरीदूँगा
जिस भाव से कोई

जैसे वह खरीदता है
जिसे मैं नहीं जानता
या वह जिसे कोई जानता है।
पच्चीस-तीस वर्षों से
उसी दुकानदार से सामान खरीद रहा हूँ
और पच्चीस-तीस वर्ष रहकर
इस बहुत शहर नहीं में
चावल और नमक खरीदते हुए
दुकानदार के सामने
निरुपाय
पच्चीस-तीस वर्षों का
आदिवासी हुआ हूँ।
यद्यपि
यद्यपि।

ईश्वर अब अधिक है

ईश्वर अब अधिक है
सर्वत्र अधिक है
निराकार साकार अधिक
हरेक आदमी के पास बहुत अधिक है।
बहुत बँटने के बाद
बचा हुआ बहुत है।
अलग-अलग लोगों के पास
अलग-अलग अधिक बाकी है।
इस अधिकता में

मैं अपने खाली झोले को
और खाली करने के लिए
भय से झटकारता हूँ
जैसे कुछ निराकार झर जाता है।

कितना बहुत है

कितना बहुत है
परन्तु अतिरिक्त एक भी नहीं
एक पेड़ में कितनी सारी पत्तियाँ
अतिरिक्त एक पत्ती नहीं
एक कोंपल नहीं अतिरिक्त
एक नक्षत्र अनगिन होने के बाद।
अतिरिक्त नहीं है गंगा अकेली एक होने के बाद–
न उसका एक कलश गंगाजल,
बाढ़ से भरी एक ब्रह्मपुत्रा,
न उसका एक अंजुलि जल
और इतना सारा एक आकाश
न उसकी एक छोटी अन्तहीन झलक।
कितनी कमी है
तुम ही नहीं हो केवल बन्धु
सब ही
परन्तु अतिरिक्त एक बन्धु नहीं।

इस मैदानी इलाके में

इस मैदानी इलाके में इस साल भी
पहाड़ नहीं हैं
पहाड़ न जाने कब से वहाँ हैं, जहाँ वे हैं।
उन्हें अब हटकर होना चाहिए
मसलन विंध्याचल, मोटर स्टैंड या कचहरी से सटकर
गाँव की पाठशाला या खेत के पीछे सतपुड़ा केवल।
हिमालय वहाँ ज्यादती है
जहाँ हिमालय नहीं है।
वह मैदान ज्यादती है!
जहाँ मैदान नहीं है।
टाटानगर ज्यादती है!
जहाँ टाटानगर नहीं है!
इस साल यह समतल विस्थापित हो हिमालय पर
तराई पर नहीं
चोटी पर इस मैदान का शिखर इलाका हो।
भोपाल हो अब की साल
बाँकल, पनियाजोब के पास।
गंगा के किनारे से हटकर
काशी महानदी के पास।
गरियाबन्द गंगा से,
चंडीगढ़ साँची से,
नांदगाँव से फरीदकोट,
और मद्रास से जुड़ा हो मुरादाबाद
सब जगह इस तरह विस्थापित हो
सब जगह के पास
कि सब जगह हो सब जगह के पास

और अकाल, आतंक, दुकाल में अबकी साल
गाँव से एक भी विस्थापित न हो।

सुबह है

सुबह है
जीवन-पर्यन्त की सुबह है
इस आजीवन सुबह के सुबह-सुबह में
उस बूढ़ी कोचनिन से भाजी ही खरीदना
जिससे मोल-भाव नहीं करता मैं
जो पालक रुपया में दस जूड़ी कहती है
और गिनते समय बारह देती है।

मैं दो जूड़ी लेने से इनकार करता हूँ
कि दाई ज्यादा है
तो गुस्सा होकर
नहीं बेचना है कहकर
सब पालक वापस करने को कहती है।

हारकर ठगा हुआ
दस के बदले बारह जूड़ी लेता हूँ
दो दिन के दो सुबह उपराहा पाता हूँ
इसी उम्र में दो उम्र जीवन पाता हूँ।

जीने की आदत

जीने की आदत पड़ गई है
जीवन को जीने की ऐसी आदत में
बरसात के दिन हैं यदि
तो जीने की आदत में बरसात होती है।
छाता भूल गया तो
जीवन जीने की आदत में
छाता भूल जाता हूँ
और भीग जाता हूँ।
जब बिजली कौंध जाती है
तब बिजली कौंध जाती है
आदतन जीना, उठना-बैठना, काम करना।
थोड़े-थोड़े भविष्य से
ढेर सारे अतीत इकट्ठा करता हूँ
बचा हुआ तब भी ढेर सारा भविष्य होता है
ऐसे में ईश्वर है कि नहीं की शंका में
कहता हूँ—मुझे अच्छा मनुष्य बना दो
सबको सुखी कर दो।
तदनुसार अपनी कोशिश में
पता नहीं कहाँ से
आदत से अधिक दुख की बाढ़ आती है
जैसे पड़ोस में ही दुख का बाँध टूट गया
और सुख का जो एक तिनका नहीं डूबता
दुख से भरे चेहरे के भाव में
मुस्कुराहट-सा तैर जाता है
न मुझे डूबने देता है
न पड़ोस को

और जब बिजली कौंध जाती है
तब बिजली कौंध जाती है
अँधेरे में बिजली कौंध जाने के उजाले में
सँभलकर एक कदम आगे रख देता हूँ।
जीवन जीने की ऐसी आदत में
जब मैं मर जाऊँगा
तब कोई कहेगा
शायद मरा नहीं
तब भी मैं मरा रहूँगा
बरसात हो रही होगी
तो जीवन जीने की आदत में
बरसात हो रही होगी
और मैं मरने के बाद
जीवन जीने की आदत में
अपना छात्ता भूल जाऊँगा।

अब पहुँच ही गए हैं

अब पहुँच ही गए हैं
भविष्य कितना निकट
कि ठीक अगला क्षण।
वर्तमान कितना अतीत
कि ठीक यही क्षण।

बहुत समीप के भविष्य
और बहुत समीप के अतीत को

इर्द-गिर्द लिये
रात में उपस्थित हूँ।

मेरा पुराना
घुन लगी लकड़ी की पेटी में
अतीत का विस्मृत कबाड़ है
और स्मृति में नया बहुत नया।

अब पहुँच ही गए हैं
इस समय रात्रि के आठ बजे होंगे
रुकने के लिए रात के समय में
एक जगह बनाना चाहता हूँ
परन्तु समय इसे
यात्रा की रात बना देता है
और दिशा इसे अमावस।
न पहुँचने के अन्त तक लगता है
कि अब पहुँच ही गए हैं
जैसे पहुँचने के अन्त तक।

अतीत को स्मरण

मैं अतीत को स्मरण करता हूँ
मैं भविष्य को स्मरण करता हूँ
क्या होने वाला है को
हो चुका की तरह
होता देखता हूँ

इस तरह भविष्य से
अतीत की तरफ
आने जाने वाले रास्ते पर
समय से दुर्घटनाग्रस्त होता हूँ
कि इस रस्ते पर सिर झुकाए जा रही
तीस वर्ष की वह लड़की
चालीस वर्ष की है
और उसका ब्याह नहीं हुआ।
तीन लड़के जो स्कूल जा रहे हैं
उनकी पढ़ाई पूरी हुए
कई बरस बीत गए
और किसी को काम नहीं मिला के आखिर में
हत्या करने का उनको काम मिला।

वह जो पहाड़ दिख रहा है
स्मरण करता हूँ नहीं है
यह जो नदी बह रही है
याद आती है सूख गई।
एक हवा आती है
और चट्टानी शाश्वत की धूल उड़ती है।
तपते मरुस्थल में
एक हरी पत्ती मिलने का आश्चर्य मिलता है
तो पत्ती के सूख जाने के बाद भी
सारा जीवन उस हरी पत्ती के आश्चर्य से चकित
सूखी पत्ती को बल्कि हरी पत्ती के आश्चर्य को
सहेजे समय से बुरी तरह दुर्घटनाग्रस्त होकर
आज अभी की भाषा में बोलते हुए
भविष्य वक्ताओं की भीड़ से दबकर
भाषाविहीन मेरी चीख निकलती है

कभी धर्म और जाति के
राजनैतिक, अराजनैतिक जुलूस से दबकर
धर्मविहीन, जातिवहीन चीख चीखता हूँ।

मेरी चीख अवाक होती है
जब भविष्य में मरी हुई
एक छोटी-सी लड़की को
पीछे के दरवाजे से
घर से बचाकर बाहर निकालते हुए
एक डरी हुई माँ को देखता हूँ
तो अवाक चीख रोकता हूँ
कि कोई सुन न ले।
आसपास सभी घरों में
लड़कों के पिता बनने वाले पिता हैं
अजन्मी लड़कियों को
कोख में मार डालने वाले हत्यारे पिता।
अपने बेटों के ब्याह की फिराक में
ये निकलते हैं
तो मैं इनसे कुचला जाता हुआ
एक लड़की के पिता की चीख चीखता हूँ
दो लड़की के पिता की चीख बहुत दर्दनाक चीखता हूँ।

बेहोश होकर की नींद है
जागरण की तरह जो सच है
वह दुख की तरह का जागरण है
ऐसे में कभी एक दिन की तरह होगा–
होता है का दिन है
चालीस वर्ष की, सिर उठाए अभी-अभी ब्याह कर
आती हुई लड़की के बालों में

मोंगरे का गजरा बँधा है
उसने हलका-सा पाउडर लगाया है
जो अच्छा लगता है
जाते हुए वह मुझे अपने पिता की तरह उठाती है
मैं उसके पिता की तरह उठता हूँ
और भविष्य सोचने के आम मौके पर जाकर
खड़ा हो जाता हूँ।

मनुष्य सभ्य है

मनुष्य सभ्य है
इसलिए हो सकता है
घर में रखे हिमालय की तस्वीर के कारण
हिमालय सभ्य है
हवा, पक्षी, आकाश सभ्य हैं।
युगों का हिमालय युग से
विस्थापित होकर
आज के दिन आजकल इस तरह है
कि चित्र में शरणार्थियों के टेंट का आकार
त्रिभुज जैसा लगता है
और त्रिभुज का शीर्ष एवरेस्ट है।
हमारे समय में इसी में हिमालय रहता है।
या समय पर ही
हिमालय की श्रेणियों की शृंखला है
जो युगों से शुरू होकर
इन दिनों आज तक आगे के दिनों तक है

कि हिमालय से समय विस्थापित हुआ है
और हिमालय के
किसी एक कोने के शरणस्थल पर
समय बसा है
और वही हिमालय! हिमालय!
वैसा ही वही!!
एक छोटी गौरय्या वही
वही नीम का पेड़ वही।
समय उनका है
उनके समय में आना और जाना है।
उस लड़की का नाम चिड़िया है
उस लड़के का नाम शाश्वत
और घर के सामने कैलाश रहता है।

जलप्रपात है समीप

जलप्रपात है समीप
जल बिन्दु के साथ
हवा का झोंका आ रहा है।
जलप्रपात अपनी जलप्रपात ध्वनि से
सब ध्वनियों को निस्तब्ध कर रहा है।
वहाँ जाने के पहले
जो कुछ कहना-सुनना है
कह-सुन लिया गया
कि जलप्रपात के पास
केवल जलप्रपात ध्वनि को सुना जाता है

इस भाषा को पुरखे सुन चुके होते हैं
और पीढ़ियाँ सुनने वाली होती हैं
अलावा कुछ भी सुनाई नहीं देता।
तब भी प्रपात के पास
पेड़ की पत्ती से इकट्ठी हुई बूँद–
के टपकने की आवाज़ होती होगी।
चिड़िया चहचहाती है
जिसकी चहचहाहट सुनाई नहीं देती
और चिड़िया के बच्चे जवाब दे रहे होते हैं।
एक गीली काली चट्टान के
नीचे से निकलकर एक कीड़ा भी
बोल रहा होगा
सब अपनी आवाज़ बोल रहे होते हैं
वहाँ मैं कोरस गाता हूँ।

बोने को चार बीज

बोने को चार बीज हैं धान के
जाते-जाते झरकर बच गए देहरी में
जैसे स्वयं बचे ये बीज
सबकी नजर बचाकर।
पर बचा नहीं अबकी बार
खेत का अन्तिम टुकड़ा
किसान होना भी उसका नहीं बचा
वह बिना खेत का।
बचा रह गया मोह

खेत के अन्तिम टुकड़े का।
बिना बोए ये चार बीज
कभी अंकुरित नहीं हुए
बिना बोए इन बीजों का
कोई अर्थ भी अंकुरित नहीं हुआ।
अर्थ अंकुरित होने का भी
जैसे अन्तिम टुकड़ा खेत का नहीं बचा।
फिर भी बचा रह गया मोह
अर्थ अंकुरित होने वाले
खेत के अन्तिम टुकड़े का।

उस अधूरे बने मकान के पीछे

उस अधूरे बने मकान के पीछे एक प्राचीन बड़ा मन्दिर है
पान की दुकान से सटा हुआ एक मन्दिर है
झोंपड़ियों के बीच लाइन से तीन मन्दिर हैं
वैसे ही टूटे-फूटे दो मन्दिर और देखता हूँ
सड़क के किनारे का मन्दिर
आधा धँसा हुआ है
उसके बाद एक बावड़ी है।
जहाँ मूँगफली वाला बैठा हुआ है
वहाँ दीवाल से टिकाई हुई विष्णु की मूर्ति है
जहाँ डाव बेचने वाली बुढ़िया बैठी हुई है
उसके पास की चट्टान में ब्राह्मी लिपि खुदी हुई है।
हिलते-डुलते पेड़ की झुरमुटों की आड़ से
कोई टूटा-फूटा मन्दिर इस तरह दिख जाता है

कि पहले किसी को नहीं दिखा है।
जगह-जगह इतना प्राचीन है
कि घूमते-घूमते थक चुका हूँ
अँधेरा हुआ
आठवीं शताब्दी के अँधेरे की तरह
मुझे लगता है वही चाय की दुकान होगी
उसके पुराने जर्जर दरवाजे को खटखटाता हूँ
दरवाजा खुलता है
यह दरवाजा भी मन्दिर का है
एक गरीब छोटी लड़की
ढिबरी लिये खड़ी है
यह एक छोटा-सा गरीब शिव का घर है।

एक प्रवासी आया है

एक प्रवासी आया है।
यह प्रदेश यहाँ बसा हुआ
एक नदी बसी हुई
बसी हुई नदी में प्रवासी ने स्नान किया।

बसे हुए पर्वत से मित्रता की
जो दूर से दिखने लगा था
और पहुँचने के पहले साथ हुआ।

इस पर्वत में किसी की राह देखने की ऊँचाई है
कि आने वाला दूर से दिखाई देता है।

इस बसे हुए पर्वत में
दूर तक जाता हुआ देखने की ऊँचाई भी।

एक प्रवासी
जगह-जगह के आकाश को लौटाता हुआ
यहाँ के बसे आकाश को
यहाँ लौटाने आया है।

एक जन लौटने का प्रवासी
लौट आया
और बिना रुके जा रहा है।

केवल बहुत सन्नाटा

केवल बहुत सन्नाटा
कि झींगुर की
एक ही आवाज़ की
प्रतिध्वनि की प्रतिध्वनि
की लगातार ध्वनि सुनाई देती है।

केवल गहरा अँधेरा
अँधेरे की प्रतिछाया की काली प्रतिछाया
से गहराते अँधेरे से भरे
कुएँ के तल में
मेरी परछाईं की काली छाया पड़ी हुई।

सब गहन काला गहराया है
जागकर देखती आँखें
नींद में जो स्वप्न देखती हैं
यह देखना
देखने का अतिरिक्त है।
स्वप्न के अतिरिक्त घर-संसार में
मेरा अतिरिक्त
मेरी पत्नी के अतिरिक्त के साथ
अतिरिक्त सुख-दुख पाता है
अतिरिक्त दुख कुछ अधिक
कि जाग जाता हूँ
मेरे जागने का यह अतिरिक्त
जाग जाता हूँ।

आकाश अन्तरिक्ष का रस्ता है हमारी ओर

आकाश अन्तरिक्ष का रस्ता है हमारी ओर
यहीं प्रथम छोर पर अनन्त दिखता है
कि अन्तिम छोर पर भी अनन्त है
यह आकाश बतलाता है
कि हम जहाँ रहते हैं यह संसार है
हमारी कल्पना में कुछ भी बाकी नहीं
जो कुछ बाकी है आकाश में है
यदि मैं कल्पना की जगह से
कल्पना को हटाता हूँ
तो वहाँ आकाश को पाता हूँ

बहुत पास और चमकदार।
यदि खिड़की से काँच की धूल को साफ करने से आकाश साफ दिखता है
तो खिड़की खोलकर अन्तरिक्ष झाँकता हूँ।

कुछ दिनों से मैं कल्पना का काम आकाश से लेने लगा हूँ।

कि कुछ दिनों तक

कि कुछ दिनों तक
मैं उसे अच्छा आदमी समझता रहा
बल्कि काफी दिनों तक
और काफी दिनों के बाद भी
अच्छा आदमी समझता रहा
हर बार समझा
बार-बार शुरू से आखिर तक।

अधिकतर लोगों ने उसे बुरा कहा
न्यायपालिका ने बल्कि हत्यारा भी
जितना मुझे उस आदमी के अच्छे होने पर विश्वास था
उतना सत्ता और सर्वोच्च न्यायपालिका पर कभी नहीं था।

वह एक गरीब आदमी था।

दुनिया में अच्छे लोगों की कमी नहीं है

दुनिया में अच्छे लोगों की कमी नहीं है
कहकर मैं अपने घर से चला।
यहाँ पहुँचने तक
जगह-जगह मैंने यही कहा
और यहाँ कहता हूँ
कि दुनिया में अच्छे लोगों की कमी नहीं है।
जहाँ पहुँचता हूँ
वहाँ से चला जाता हूँ।

दुनिया में अच्छे लोगों की कमी नहीं है–
बार-बार यही कह रहा हूँ
और कितना समय बीत गया है
लौटकर मैं घर नहीं
घर-घर पहुँचना चाहता हूँ
और चला जाता हूँ।

हजार वर्ष पुराना है कटक

हजार वर्ष पुराना है कटक
कटक को कैसे देखूँ कि वह मुझे हजार वर्ष से
बसा हुआ दिखे
कोई अवशेष हजार वर्ष पुराना
कोई उजाड़ हजार वर्ष मैं देखना नहीं चाहता।

महानदी और कठजोड़ी के बीच
बसे हुए को देखता हूँ
कि हजार वर्ष से बह रहा है इन नदियों का जल
हजार वर्ष के आकाश को इस समय का आकाश
हजार वर्षों की आज की रात्रि में एक स्वप्न
कि कटक बसने की पहली रात्रि में
एक निवासी स्वप्न देख रहा है
उसके स्वप्न में मैं हूँ
और मेरे स्वप्न में वह।

रात को याद करता हूँ

रात को याद करता हूँ
ताकि मैं उसे
शब्दश: दुहरा सकूँ–
अँधेरे को एक और अँधेरे में
अनगिनत तारों को
अनगिनत तारों में और
बार-बार तारों के अनगिनत में।

दबोचे जाने को
दबोचे जाने में शब्दश:
छटपटाहट को
बिल्ली के मुँह में दबे
पक्षी के पंख की फड़फड़ाहट से,

अथवा मेरी शब्दहीनता में
मेरी छटपटाहट को
ध्वनिश: वह पक्षी फड़फड़ाता होगा

शब्दहीनता में
किसी भी कविता के पहले
मैं मुक्ति को
मुक्तियों में दुहराता हूँ ध्वनिश:
जो झुंड में उड़ जाता है।

छाता लेकर काम पर

मैं छाता लेकर काम पर जाता हूँ
बहुत तेज़ धूप है
बरसात के लिए बादल नहीं
छाया के लिए भी बादल नहीं
धूप से बचने के लिए
मैं छाता लेकर काम से जाता हूँ।
छत्ते की छाया की मेरी बदली
अपनी इस बदली के छाते को लेकर जाता हूँ।
बहुत भुलक्कड़ हूँ
किसी पेड़, ऊँची चट्टान, किसी घर की दीवाल,
दरवाजे, देहरी की छाया में
अपने छाते को
बार-बार भूल आता हूँ
अपरिचित, परिचित, आत्मीय, किसी छाया में

अपना भूला छाता पा लेना चाहता हूँ, और
पाता जाता हूँ।

दर्शन के स्थान पर भीड़ लगी है

दर्शन के स्थान पर भीड़ लगी है
मेरा दिखना उसके दर्शन को
ढूँढ़ता है।

उसके दर्शन में
मैं अपने दिखने से
आत्मसात होना चाहता हूँ।
अपने होने से
समा जाना चाहता हूँ
उसके होने में।

मैं सम्मुख हो जाना चाहता हूँ
उसी के होने के एकान्त में
अपने को भस्म कर डालने का
माथे पर प्रेम का भभूत लगाए।

पानी को

पानी को
पानी की गठरी में बाँध दिया
कपड़े को कपड़े की गठरी में
पानी की गठरी है तालाब
कमल गठानें हैं।

खिले-खुले अधखुले कमल से
अपने-अपने में बहता पानी
अपने-तुपने में
फिर तुपने में बहता
जल की बड़ी बूँद तालाब
जल को पानी की गठरी में बाँध दिया।

उससे यहीं मिलने का निश्चय।

उससे यहाँ मिलने के निश्चय को
यहीं मिलने के निश्चय में
बाँध दिया।

तुम खड़ी क्यों हो

तुम खड़ी क्यों हो
बैठ जाओ।

नहीं अब मैं चलूँगी।
यह सुनते ही
जाने को कब से उद्धत यह पहाड़ है
जिसकी चोटी पर
एक घर मन्दिर है
और एक देवी स्त्री।
वह जा रही मूर्ति थी।

वह पत्थर की तरह कठोर नहीं थी।

उसके चले जाने के समय से
जाने को उद्धत यह पहाड़
किसी एक दिन से
उसके आने की प्रतीक्षा में
उद्धत पहाड़ है।

इस छुआ-छुआइल के खेल में

इस छुआ-छुआइल के खेल में
मैंने देख लिया उसे
कि सामने दूर वह
बरसात के दिनों का वही दृश्य है,
कि धान के आखिरी खेतों के बाद
वहाँ पेड़ों का झुंड है
मेड़ में काँस के फूल की
टेढ़ी-मेढ़ी सफेद लकीर स्थिर है

परन्तु हवा वहाँ चल रही है
ध्यान से देखने पर पेड़ हिलते-डुलते दिखाई देते हैं
लेकिन उनकी आवाज़ मुझे सुनाई नहीं देती
उस जगह की एक भी आवाज़ सुनाई नहीं देती
मूक चुपचाप वह
दूर चला गया दूर का दृश्य है।

इस छुआ-छुआइल के खेल में
मुझे मालूम है मेरे पीछे भी
इसी तरह का एक दृश्य है
बहुत दूर तक एक हरे टीले के साथ
वह इस तरह है
जैसे मुझे मालूम नहीं
कि वह पीछे है।

छुआ-छुआइल में
मुझे लगता है कि मैं चौकन्ना हो गया हूँ
कि पीछे की सबसे अधिक दूरी
मुझे छूने के करीब आ रही है
अगर मैं मुड़ा तो पीछे की सबसे अधिक दूरी
सबसे अधिक दूर चली जाएगी।
मैं मुड़ा और
पीछे की सबसे अधिक दूरी
सबसे अधिक दूर चली गई।

एक झोंपड़ी का घोंटुल था

एक झोंपड़ी का घोंटुल था।
सल्फी का पेड़
बहक कर घोंटुल से दूर उगा था।
उसमें चिड़िया का घोंसला घोंटुल था।
युगल तारों से भरा जंगल का आकाश घोंटुल आकाश था।
चन्द्रमा उड़ता हुआ वहाँ उगा था,
और चाँदनी की उड़ान
फैल गई थी।

पलाश के पेड़ की शाखा पर
एक अकेला पक्षी बैठा था।
महुआ के पेड़ की शाखा पर
एक अकेली चिड़िया बैठी थी।
रात्रिवास के आदिवासी पक्षी
तुम्हारी चिड़िया कहाँ है पक्षी
रात्रिवास की आदिवासी चिड़िया
तुम्हारा पक्षी कहाँ है चिड़िया।

अन्तरिक्ष की शाखा पर घोंसले की तरह लटकी पृथ्वी में
एक चिड़िया अंडे से रही थी।
संसार के होने में संसार घोंटुल था।

घंटे को मैंने बजाया

घंटे को मैंने बजाया
घंटे की ध्वनि मैंने सुनी
फिर अनुरणन–

कितना निर्जन है यह क्षेत्र
मेरी उपस्थिति और पेड़ों की आड़ में
छुपा हुआ यह खंडहर मन्दिर!
अपनी उपस्थिति के साथ
मैं ऐसी ही निर्जनता लिये फिरता हूँ
और प्रतीक्षा ऐसी ही।

असमाप्त लौटने की राह पर लौटता हूँ,
घंटे का अन्तर्नाद
मुझे सुनाई देता है–
घंटे का आर्तनाद
आर्तनाद का अनुरणन
असमाप्त मेरे साथ होता है।

दरवाजा नहीं था मन्दिर में

दरवाजा नहीं था मन्दिर में
पत्थर के चौखट में दरवाजे का निराकार था।

इस निराकार दरवाजे के अस्पष्ट बन्द या खुले को
मैं स्पष्ट खोलता हूँ।

बहुत देर लगा दी–उसने कहा।
वह मेरी सदैव प्रतीक्षा में खड़ी
स्थापित थी।

तब देर से आने की सदैव कथा कहता हुआ
कत्थक की एक मुद्रा में
उसके दाहिने आकर मैं
सदैव स्थापित
खड़ा हो गया–
उसकी सदैव प्रतीक्षा के दाहिने सदैव आया हुआ।

मन्दिर का एक सदैव घर था।

हाथ बढ़ाकर मैं भी उसे स्पर्श करता हूँ

हाथ बढ़ाकर मैं भी उसे स्पर्श करता हूँ
जब मैंने पत्थर को पत्थर के स्पर्श में देखा
पत्थर का होना शाश्वत होना है–उसने कहा।

क्या मेरा स्पर्श भी पत्थर का हो
मेरा पत्थर का हाथ
उसके पत्थर के गालों को स्पर्श करे!

हम दोनों शाश्वत होने से बच गए
मैं भी चकित नहीं हूँ
और वह भी
कि हम दोनों शाश्वत होने से बच गए।

पत्थर का होना शाश्वत होना है के
खंडहर का एक टुकड़ा
पत्थर का होना शाश्वत होना है के वाक्य का टुकड़ा है–
एक टुकड़ा होना
एक टुकड़ा है
एक टुकड़ा शाश्वत का
खंडहर में दबा पड़ा हुआ।

अन्तिम समय तक के लिए

अन्तिम समय तक के लिए
उनका एक गृहस्थ आश्रम
एकान्त के घने वन से छुपे
जीवन की अथाह गहरी नदी के किनारे।

इसी नदी के जल में डुबकी लगाकर
दोनों स्नान करते
कलश में वह

यही जीवन जल भरती
और यही जल वे ताँबे के लोटे में लेकर लौटते।

अपनी कर्म साधना के चलते
दोनों नदी की मँझधार तक पैदल भी चले जाते
किसी डूबते का दुख बाँटते
और हाथ पकड़कर उभार लेते
कभी स्वयं को स्वयं से।
यदि भँवर के गड्ढे में पैर पड़ जाता
तो चक्कर आ जाता।

उस पार के किनारे से
जहाँ साप्ताहिक हाट भरता
एक सफेद झोले में वे कभी
थोड़ा-सा अन्न लाते
और वह टिकुली, सिन्दूर, फीता,
दो बीता नया कपड़ा
कभी अँगोछा, नमक, मिट्टी का तेल।

एकान्त के वन में उनके इस गृहस्थ आश्रम में
बचपन की देखी चिड़ियाओं का झुंड
उड़ता हुआ आता
और जिस आम के वृक्ष पर
युवावस्था के फल तोड़ने की स्मृति होती
उस पेड़ पर बैठ जाता।
सचमुच की चिड़िया
स्मृति की चिड़िया की तरह बैठी होती
वह उड़ जाती
परन्तु स्मृति की चिड़िया नहीं
वह तो घोंसले बनाने लगती।
आश्रम के आँगन में
पछोरे अन्न के दानों को चुगने

दोनों के बचपन की देखी चिड़िया बैठ जाती।

और जब-तब एक गुड़िया
जिसका वह ब्याह नहीं करा पाई होती
अक्ति के दिन या आए दिन
अपने आसपास में
या दूर-दूर में
कब से रखा एक गुड्डा ढूँढ़कर
ब्याह करा देती।
गुड़ियाओं के बड़े होने की
वह राह देखती
और गुड़िया कभी भी
बहुत बड़ी नहीं होती
इसलिए एक अच्छा गुड्डा
कुछ देर से सही, ढूँढ़ लेती।

उनकी कम होती आवश्यकताओं में
सूर्य की एक किरण से प्रात:
और अन्तिम एक किरण के डूबने से सन्ध्या होती,
सूर्य को उन्होंने जमा करा दिया था
कि कल दूसरों के काम आएगा
यद्यपि तब भी प्रात: की एक किरण,
और प्रात: ओर पूरा दिन नया होता
और सन्ध्या की अन्तिम किरण
अन्तिम नहीं होती अगले दिनों में भी।
इस दिनचर्या में वे उषाकाल की पहली और सन्ध्या की अकेली किरण को
गठान लगाकर जोड़ देते
भविष्य के धब्बों को धोकर
कल के उपयोग के लिए

इसी अरगनी में सूखने डाल देते
तथा बचे समय में
बीती गलतियों को सुधारने का
काम लेकर बैठ जाते
तो दूसरों की गलती अपनी गलती लगती
और दिन बीत जाता।

रात्रि होते ही गहरी होती
और अँधेरा होती अन्धकार
बहुत जल्दी सोते हुए
दोनों प्राय: सुबह का स्वप्न देखते
और रात में चौंककर दो-तीन बार उठते
कि सुबह हो गई
और दोनों में से कोई
दोनों में से किसी को सुला देता
कि रात बाकी है सो जाओ।

साथ-साथ सोते हुए
एक ही स्वप्न देखते।
टूट जाता तो वहीं से जोड़ते
जहाँ से टूटा होता और देखने लग जाते।
स्वप्न के जोड़ का पता नहीं चलता
कुछ छूटता नहीं।

एक ही जागरण के दिन में
इस तरह शामिल होते
कि काम का समय कम पड़ जाता
बचा काम कम नहीं होता
नया काम और जुड़ जाता

इसलिए प्राय:
सुबह के धोखे में
आधी रात को उठे दोनों
जरूरी काम कर रहे होते
बहुत देर बाद एक-दो चिड़ियों का बोलना
सुनाई देता
अँधेरा कुछ बचा होता
परन्तु उनका सबेरा
आधी रात को हो चुका होता।

शायद

शायद
वहाँ शेष बचा हो सकता है
खूँखार भीड़ के चले जाने के बाद
शायद एक दयालु एकान्त
दंगे में सब कुछ,
एक पूरा परिवार
भाई, बहिन, पत्नी, बच्चे
चुन-चुनकर बूढ़े माता-पिता भी
गँवा देने के बाद।
बचा हो सकता है इक्के-दुक्के घर में
बँधी बछिया, कुत्ते का पिल्ला
काली मुर्गी या पिंजड़े का तोता,
शायद नहीं
बचा हो सकता

एक स्तब्ध व्यक्ति
शायद वह भी नहीं।
शायद बचा हुआ–
शायद।

उछलती-कूदती

उछलती-कूदती आई लड़की को
फ्रॉक छोड़कर साड़ी पहनने के लिए कहा गया
तो वह दौड़ते हुए लगातार आड़ में होने लगी
पहले एक पेड़ की आड़ हुई
तो पेड़ कट गया
जंगल की आड़ में हुई तो
जंगल कट गया
धान के खेतों के अन्दर घुसकर
धान की आड़ में हुई
धान कट जाने के बाद
तालाब में कूदकर
पानी की आड़ में हुई
तालाब सूखा तो घाटियों से उतरकर
पहाड़ की आड़ हुई
पहाड़ टूटा तो
इसके बाद
दूर तक मैदान था
वहाँ आड़ में होने के लिए
कुछ भी नहीं था

भागकर क्षितिज में थककर खड़ी हो गई
खड़े-खड़े कमर के नीचे जमीन हुई
कमर से ऊपर आकाश हुई
इस खुले मैदान में आड़ में होने को एक दृश्य रहता है।

गाड़ी से उतरते ही

गाड़ी से उतरते ही
स्टेशन से पैदल
बहुत तेज़ धूप में
जल्दी-जल्दी कि देर न हो जाए
चाचा के घर आया था
बहुत उदास थका हुआ
सूखे खेतों के बीच पगडंडियों से।
शुरू में तो वहाँ भी पानी बरसा था
धान अंकुरित हुए और सूख गए।
रास्ते में जो मिला
उधर बारिश के हाल पूछे
और चाचा के घर पहुँचे ही यही हुआ
छोटे मुन्नू तक ने पूछा–वहाँ पानी गिरा?
बरामदे में खड़े चाचा से
अकाल, राष्ट्र और आतंक की चर्चा होने लगी
पास-पड़ोसी आ गए
बहस होने लगी
अन्त में मैं कह पाया–
अम्मा बहुत बीमार है।

यह खबर बताने में मुझे देर हुई।

इतने दिनों से कहीं बारिश नहीं हुई।

दीवाल में एक खिड़की रहती थी

दीवाल में एक खिड़की रहती थी
एक झोंपड़ी, दो पगडंडी, एक नदी
और दो-एक तालाब रहते थे
एक आकाश के साथ सबका होना रहता था
लोगों का आना-जाना कभी-कभी रहता था
पेड़-पक्षी रहते थे
खिड़की से सब कुछ रहता था
नहीं रहने में एक खिड़की खुली नहीं रहती थी
रहने में एक खिड़की खुली रहती थी
खिड़की से हटकर दीवाल में एक आदमी रहता था।

बचाकर रख लेनी चाहिए हवा

बचाकर रख लेनी चाहिए हवा
साँस लेने के लिए
दूर नल से पानी लाते हैं

वैसे ही नालियों, दुर्गन्ध से दूर जाकर
एक साबुत घड़े में शुद्ध
हवा लानी चाहिए।
शाम को थके हारे मेहनत-मजदूरी से लौटने के बाद
अपने बच्चे-पत्नी के साथ
साँस रोककर
घर से दूर भागने का अभ्यास करना चाहिए
और भागते हुए अपने शहर के भोपाल से
बाहर चले जाना चाहिए।
रात में तकिए के नीचे
चार-आठ आने की रेजगारी के साथ
नींद बचाकर रख लेनी चाहिए
और जागते रहना चाहिए।

घटते-घटते जीवन इतना ही बचा है
भरपूर जीवन की लड़ाई के लिए
जीवन को कितना
और कैसा बचा होना चाहिए?

जंगल के उजाड़ में

जंगल के उजाड़ में
काँदा खोदते-खोदते
भूख से बेहोश पड़े आदिवासी के लिए
कौन डाक्टर को बुलाएगा!
उसे अस्पताल ले जाना चाहिए

या रसोईघर!!
कोई अस्पताल नहीं
दूर-दूर तक
यहाँ दूर तक ऐसी झोंपड़ी नहीं
जहाँ रसोई पकती हो।
भूख से बेहोश पड़े आदमी का
प्राथमिक उपचार क्या होगा!!
बेहोशी में लगेगा कि अभी सोया हुआ है
और उसे सोने दिया जाए
बेहोशी में मर जाए तो
कैसे पता चलेगा कि मर गया
और अब कुछ नहीं हो सकता!!
यदि वह मर गया
तो उसके हिस्से का
हंडी में थोड़ा भी भात नहीं था
जो दूसरे के लिए बच जाता–
दूर किसी पेड़ के नीचे या झोंपड़ी में
उसकी पत्नी और तीन बच्चे
भूख से मरते हुए उस आदमी का
इन्तज़ार करते होंगे
कि व काँदा खोद कर ला रहा होगा
फिर वे भी भूख से मर जाएँगे।
कुछ ही दिनों से यह एक आदिवासी कथा है
कि बहुत बरस से जंगल में
बहुत से आदिवासी भूख से मर जाते हैं।

संसार छोड़ दूँगा

संसार छोड़ दूँगा के सन्दर्भ में
जीवन का उतना ही विस्तार रहेगा कि पड़ोस छोड़ दूँगा
मृत्यु से जो छूट जाएगा।

बच्चों से मैंने कहावत की तरह कहा
कि जब याद आए तो तारों के पड़ोस में
किसी भी एक तारे को ढूँढ़कर मुझे देख लेना
और पीढ़ी-दर-पीढ़ी उस तारे को बता देना

कि मैंने पृथ्वी का पड़ोस नहीं छोड़ा है
पड़ोस की इच्छा को मैं तारों के बीच सुरक्षित रख देता हूँ
और तारे को देखता हूँ
जैसे अपने रहने को।

2003

पड़ोस

यहाँ सभी पड़ोसी थे
सभी लोग जो रह रहे थे
पड़ोस में रह रहे थे–
और मैं इसे उतनी बार दुहराना चाहता हूँ
जितने लोग थे

पूरी बसावट पड़ोस की
मैं जब भी लौटा पहले पड़ोस में आया।

मैं पड़ोसियों के घर होते हुए
इतना थका लौट रहा हूँ
कि मृत्यु पड़ोस में हो जाए
और पहले घर खबर पहुँचे
कि मैं पड़ोस में नहीं रहा।

2003

छत्तीसगढ़ी में वह झूठ बोल रहा है

छत्तीसगढ़ी में वह झूठ बोल रहा है
कि अब अच्छे दिन आएँगे
इसके बाद सभी, भूखे-प्यासे
औरत, बच्चे, बूढ़े
फिर पूरी आबादी
बहुत बुरे दिनों को लादे
अपने काले भविष्य के दूर कोनों में लौट जाते हैं–
जबकि आगे एक पल भी जीना कठिन
परन्तु छत्तीसगढ़ी में बोले
एक अच्छे दिन के जीवन की आस में।

परन्तु ऐसा शुरू से रहा
कि छत्तीसगढ़ी में भी सच बोला जाता रहा

किसी भी बोली में बोल सकने का सचमुच
जैसे बस्तर की मैना का
बस्तर के जंगल में
अपनी बोली बोलने का।
एक टूरी के
प्रेम को अभिव्यक्त करने के चुपचाप में
हवा की सरसराहट को सुनने का।
तथा महुवा के फूल के टपकने की बोली में
टप को सुनना
सूर्योदय की बोली में
चिड़ियों की चहचहाहट को सुनना
और सूर्यास्त की बोली में
चिड़ियों को लौटते हुए देखना
छत्तीसगढ़ी को सुनता हूँ
तो चिड़ियों की चहचहाहट को समझता हूँ

और कातर होकर
'झनजा' के किसी के रोकने से
पूरे जग से बिछुड़ना रुक जाता है
ऐसा सोच सकता हूँ
और दरअसल, बचपन का
चिन्हारा हुआ नांदगाँव का यह सूर्योदय
दिल्ली में भी हो तो
नांदगाँव का सूर्योदय लगता है
परन्तु यह भी
कि केवल छत्तीसगढ़ी में सूर्योदय नहीं होता
और परन्तु
कि कुन्दरापारा के किसी झोंपड़ी से
'खाएबर' माँगने के कारण

पीड़ा और दुख से
पिटती हुई भूखी बच्ची का
अचानक जोर से चीखना,
संसार की बोलियों के सन्नाटे में तब
लाउडस्पीकर से
छत्तीसगढ़ी में वह झूठ बोल रहा है।
लबारी बोलत है।

2003

मैं छत्तीसगढ़िया

बात केवल की है
कि मैं केवल छत्तीसगढ़िया रहा
और कुछ नहीं।
जब मध्यप्रदेश में रहा
तो केवल मध्यप्रदेश में नहीं।
और जब छत्तीसगढ़ में
तो केवल छत्तीसगढ़ में नहीं।

अभी अकाल के कारण छत्तीसगढ़ छोड़कर जा रहे
किसी किसान से भी पूछूँगा–
'भाई, बने। बने'
तो 'बने। बने।' ही उसका जवाब होगा

अपने दुख की कथा को कहने-सुनने

और समाप्त करने का यही तरीका
केवल होगा।

बात केवल की है
और अलावा केवल की
केवल।

2003

मेरी नींद एक पड़ोसी के नवजात बच्चे के रुदन से खुली

चार पेड़ के
एक दूसरे के पड़ोस की अमराई
पेड़ों में घोंसलों के पड़ोस में घोंसले
सुबह-सुबह पक्षी चहचहा रहे हैं
यह पड़ोसियों का सहगान है–
सरिया-सोहर की गवनई।
पक्षी, पक्षी पड़ोसी के साथ झुंड में उड़े।
परन्तु मेरी नींद
एक पड़ोसी के नवजात शिशु के रुदन से खुली।

वह नवजात भी दिन
सूर्य दिन को गोद में लिये है
सूर्य से मैंने दिन को गोद में लिया।

मार्च 2005

सबेरा हुआ तो लड़का हुआ लगता है

अब इस उम्र में हूँ
कि कोई शिशु जन्म लेता है
तो वह मेरी नातिनों से भी छोटा होता है
संसार में कोलाहल है
किसी ने सबेरा हुआ कहा तो
लड़का हुआ लगता है
सुबह हुई खुशी से चिल्लाकर कहा
तो लड़की हुई की खुशी लगती है
मेरी बेटी की दो बेटियाँ हैं
सबसे छोटी नातिन जाग गई
जागते ही उसने सुबह को
गुड़िया की तरह उठाया
बड़ी नातिन जागेगी तो
दिन को उठा लेगी।

मार्च 2005

उसने मुझे बाबा कहा

घर-बार छोड़कर संन्यास नहीं लूँगा
अपने संन्यास में
मैं और भी घरेलू रहूँगा
घर में घरेलू

और पड़ोस में भी।

एक अनजान बस्ती में
एक बच्चे ने मुझे देखकर बाबा कहा
वह अपनी माँ की गोद में था
उसकी माँ की आँखों में
खुशी की चमक थी
कि उसने मुझे बाबा कहा
एक नामालूम सगा।

अप्रैल 2005

विष्णु की प्रतिमा को समीप से नहीं देख पाया

राजिम का यह आठवीं शताब्दी का
विष्णु मन्दिर है
गर्भगृह में विष्णु को सबने दूर से प्रणाम किया।

मन्दिर के मंडप में
दुर्गा की मूर्ति है
कठोर पत्थर की अत्यन्त सुन्दर
अन्दर से कोमल हो सम्भवत:

सबने दुर्गा की प्रतिमा का
चरण स्पर्श किया
कुछ ने माथा टेका

मैंने देखा
प्रतिमा के पैरों की उँगलियाँ
माथा टेकने और चरण स्पर्श से
घिसकर चिकनी और सपाट हो चुकी हैं
इसमें मन ही मन का चरण स्पर्श
और दूर का माथा टेकना भी शामिल है।
विष्णु की प्रतिमा को समीप से नहीं देख पाया।

अप्रैल 2005

छत्तीसगढ़ का जादू

छत्तीसगढ़ का छत्तीस का समूह
पता नहीं किस तरह है
यह मिले-जुले होने का
पैंतीस के बाद का छत्तीस है
या 36 के आँकड़े का
एक नहीं की जोड़ी।
परन्तु 1 नवम्बर 2000 को
जब 36 गढ़ राज बना
तब मैं 63 वर्ष का छत्तीसगढ़ी हुआ
36 के विपरीत के आँकड़े में 63 का–
अपनी ही आड़ से निकल
अपनी तरफ घूमा हुआ सम्मुख
सयाना या जवाबदेह।

मार्च 2001

यह मेरा पैतृक घर है

पहाड़ को बुलाने
'आओ पहाड़' मैंने नहीं कहा
कहा 'पहाड़ मैं आ रहा हूँ।'
पहाड़ मुझे देखे
इसलिए उसके सामने खड़ा
उसे देख रहा हूँ।
पहाड़ को घर लाने
पहाड़ पर एक घर बनाऊँगा
रहने के लिए एक गुफा ढूँढ़ूँगा
या पितामह के आशीर्वाद की तरह चट्टान की छाया

कहूँगा यह हमारा पैतृक घर है।

अप्रैल 2005

प्राण पखेरू

कहीं जाने का मन होता है
तो पक्षी की तरह
कि सन्ध्या तक लौट जाएँ
एक पक्षी की तरह जाने की दूरी
सान्ध्य दिनों में कहीं नहीं जाता
परन्तु प्राण पखेरू?

अप्रैल 2005

मैं राजनांदगाँव उतरूँगा

जगह-जगह रुक रही थी यह गाड़ी
बिलासपुर में समाप्त होने वाली
छत्तीसगढ़ में सवार था।
अचानक गोदिया में
सभी यात्री उतर गए
और दूसरी कलकत्ता तक जाने वाली
आई गाड़ी में चढ़ गए।
एक मुझसे अधिक बूढ़े यात्री ने
उतरते हुए कहा
'तुम भी उतर जाओ
अगले जनम पहुँचेगी यह गाड़ी'
मुझे जल्दी नहीं थी
मैं खुशी से गाड़ी में बैठा रहा
मुझे राजनांदगाँव उतरना था
जहाँ मेरा जन्म हुआ था।

मार्च 2005

पहले हम एक ही घर में रहते थे

अब कभी मिलना नहीं होगा ऐसा था
और हम मिल गए।
दो बार ऐसा हुआ

पहले पन्द्रह बरस बाद मिले
फिर उसके आठ बरस बाद
जीवन इसी तरह का
जैसे स्थगित मृत्यु है
जो उसी तरह बिछुड़ा देती है
जैसे मृत्यु।
पाँच बरस बाद तीसरी बार यह हुआ
अबकी पड़ोस में वह रहने आई
उसे तब न मेरा पता था
न मुझे उसका।

थोड़ा-सा शेष जीवन दोनों का
पड़ोस में साथ रहने का बचा था

पहले हम एक ही घर में रहते थे।

मार्च 2005

मेरा पता शुरू से ही नहीं बदला

मेरा पता शुरू से नहीं बदला

मेरे घर से लगा हुआ उसका घर है
उसकी चिट्ठी मेरे पते पर आई
चिट्ठी लेकर मैंने डाकिए से कहा
उसे चिट्ठी आप देंगे या मैं दूँ

पता आपका है इसलिए चिट्ठी आपको दी।
कहकर डाकिया
सभी पड़ोसियों को उनके पते पर चिट्ठियाँ देने चला गया।

मैंने चिट्ठी उसे दी
वह प्रसन्न था
कि चिट्ठी सही पते पर आई।

वह पड़ोस में नया रहने आया था।

अगस्त 2003

मेरे बाद

हो सकता है मरा न होऊँ
सबके समझने के बाद
जब धीरे से अपनी आँख खोलूँ
तो क्या दूसरे जनम जैसा मैं संसार को देखूँ
बुरे लोगों को तो भूल चुका होऊँगा
और थोड़े से अच्छे लोग मुझे याद रहें।
पहले भी संसार आसपास-पड़ोस से याद रहा
और कोई एक चेहरा
मुझे याद दिला देता
कि मैंने संसार को नहीं छोड़ा।

थोड़े से में रहकर

थोड़े से को देखकर
थोड़े लोगों से मिलकर
थोड़े समय में पूरा समय
मेरा सब
पड़ोस में रखा मिल जाएगा।

पहले भी चार दिन के लिए जब
घर छोड़ कर गया तो
कुछ काँसे-पीतल के बर्तन
एक चाँदी की अँगूठी, कुछ चिट्ठियाँ इत्यादि
एक टिन की पेटी में, पड़ोस में सुरक्षित छोड़ आता था।

अगस्त 2003

चाहता हूँ पड़ोस में पूरा घर रहने लगे

बहुत रह लिया मैं घर में, थक गया
अब पड़ोस में रहकर सुस्ताऊँगा
किसी बहुत दूर के पड़ोस में।
बहुत दूर के पड़ोस में पत्नी बेटा-बेटी आएँ।
बेटी के साथ उसकी दोनों बेटियाँ
दस दिन की नातिन को कुछ देर गोद में ले सकूँ
और चार साल की नातिन के साथ दिन-भर खेलता रहूँ।

पड़ोस में पूरा घर रहने लगे।

अगस्त 2003

गेंद का घर, मेरा घर

गेंद का पड़ोस
आकाश की तरफ उछाल
किसी भी दिशा में जा सकने के कारण
सभी दिशाएँ गेंद के पड़ोस में
धरती पड़ोस
और गेंद का घर हमारा घर।

कितनी गेंदें पड़ोस में खो चुकी थीं।
गेंद ढूँढ़ने हम किसी के घर भी घुस जाते।
घरों में जाना और खो जाना हमने गेंद से सीखा।

सितम्बर 2003

यह एक पहाड़ी गाँव है

'आ रहा हूँ' कहता हुआ
वह बहुत पास से निकल गया
मैं कुछ कहता कि निकल गया
'रुको एक मिनट' यह कहना चाहा
वह चला गया।

वह जब आएगा
एक पहाड़ की तरह ठहर जाएगा

कहेगा 'अन्तिम बार लौटना और पहाड़ की तरह रुक जाना, यही ठीक है।'
पहाड़ के पड़ोस में पहाड़ के पड़ोस की एक श्रृंखला है

यह एक पहाड़ी गाँव है।

सितम्बर 2003

यह जो छत्तीसगढ़ है

राजनीति के समुद्र में से निकलकर आया है,
समुद्री घोड़े की तरह है
जो नक्शा है छत्तीसगढ़
यह शार्क या मगरमच्छ जैसा भी हो सकता था नक्शे में–
समुद्री घोड़े के पेट में लोग हैं
यह उतना ठीक नहीं लगता
जितना शार्क या मगरमच्छ के पेट में कहने से
जैसा कि है।

इसका नक्शा संयोग से जंगली फूल हो सकता
या फूल की कली
पकते हुए भात की हंडी हो जाती घर-घर में
परन्तु उजाड़ जंगल, खेतों, गरीब-भूखों का एक आदि दृश्य है
जैसा कि है।

हो सकता था के
इस छोटी-सी कथा में एक पाठ्यक्रम है

कि हाथी पर बैठा
एक राजा है
और जयजयकार करती
गरीब प्रजा।

जैसा कि
जैसा कि शुरू से है।

मार्च 2001

छत्तीसगढ़ बनने के बाद

भोपाल जाते हुए
छत्तीसगढ़ राज्य बनने के बाद
यह नहीं लग रहा है
कि मध्यप्रदेश जा रहे हैं
संक्षिप्त में म.प्र.
कोष्ठक का (म.प्र.) भी नहीं
भोपाल जाते हैं
प्रान्त नहीं, प्रान्त जाकर क्या करूँगा
और लौटकर रायपुर आते हुए
रायपुर आऊँगा।

हम हमेशा अपने होने के मुहल्ले में होते हैं
अपने होने के मुहल्ले में
नागपुर-भोपाल है

एक दिल्ली
एक रायपुर, एक नांदगाँव
एक जगतपुर, एक घर
कोष्ठक में अन्तरिक्ष की
पूरी एक खाली जगह।

मार्च 2001

अन्तिम साँस

मृत्यु के बाद
मेरा भविष्य क्या बचा रहेगा?
मैं मरते-मरते बच गया।

मृत्यु कभी भी हो
परन्तु अन्तिम साँस लेने के लिए
मेरे पास हमेशा समय रहेगा
कि खिड़की के पास लगे पड़ोस के
चम्पा के फूलों की सुगन्ध को
अन्तिम साँस में समेट लूँ।

बाहर झरे चम्पा के फूल को मैं उठा लेता हूँ।
और एक, अन्तिम नहीं साँस लेता हूँ।

अगस्त 2003

मैं ईश्वर को ढूँढ़ता हूँ

अपने असीम में पहले मैं बसा था
या मेरे अपने लोग
अपनी बसावट में मैं ईश्वर को ढूँढ़ता हूँ
तो वह पड़ोस में मिलता है
एक पड़ोसी की तरह
मैं उसे पुकारता हूँ
तो वह सुन लेता है
नहीं सुनता तो लगता है
अभी वह घर पर नहीं है
फिर अभी के बाद पुकारता हूँ
अभी के बाद कभी।

कभी नहीं पुकारता तो वह आवाज देता है
कि क्या मैं नहीं हूँ।

अपनी बसावट में
ईश्वर को पुकारता हूँ तो
पड़ोसी सुनता है।

पड़ोसी को पुकारता हूँ
तो पड़ोसी सुनता है।

27 मार्च 2006

जब पिता मार डाला गया

जब पिता मार डाला गया
तब पिता की गोद में जाने को लालायित
बच्चा भी।
माँ भी मारी गई तब
जब बच्चे को पिता की गोद में दे रही होगी
कि वह भाजी काट ले
बच्चे को धोखे से चाकू लग जाता तो–
तभी चाकू से सब मारे गए
कि भाजी की तरह काटे गए लोग।

यह सब गुजराती में कहा जाता
छत्तीसगढ़ी में कहने से मुझे डर लगता है
परन्तु राष्ट्रभाषा में कहा गया।

गुज़ारिश

गुजराती मुझे नहीं आती
परन्तु जानता हूँ
कि गुजराती मुझे आती है।
वह हत्या कर के भाग रहा है–
यह एक गुजराती वाक्य है।
दया करो, मुझे मत मारो
मेरे छोटे-छोटे बच्चे हैं,

अभी लड़की का ब्याह करना है,
और ब्याह के लिए बची लड़की
बलात्कार से मर गई–
ये गुजराती के वाक्य हैं।
'गुज़ारिश' यह एक गुजराती शब्द है।

यह कम दुख क्या होता है?

"यह कम दुख क्या होता है?"

"सुनो दो दिन बाद तुम्हें खाने को मिला होता
बहुत भूख लगी होती
पर आधी रोटी खाने को मिलती।"

"यह भी नहीं है कम दुख
अच्छा होता कि
दो दिन के बदले
तीन दिन भूखे रहने के बाद
आधी के बदले
एक रोटी खाने को मिलती।"

"नहीं यह भी नहीं है कम दुख
बल्कि पूरे तीन दिन भूखे रहने के बाद भी
आधी रोटी खाने को मिल जाती।"

"यह भी नहीं है कम दुख

तुमने पाँच दिन पहले
आधी रोटी खाई थी
और आज बस दूसरा दिन है।"

24 सितम्बर 2008

मैं उनसे नहीं कहता जो निर्णय लेते हैं

मैं उनसे नहीं कहता जो निर्णय लेते हैं
क्योंकि वे निर्णय ले चुके होते हैं।

उनसे कहना चाहता हूँ
कहा नहीं अभी तक
जिनके बारे में
मैं नहीं जानता
कि वे नहीं करेंगे
कहने के बाद मालूम होता
कि उन्होंने कुछ नहीं किया।
जान लेने के बाद दुबारा क्यों कहता।

यह मैं भी कह देना चाहता हूँ
कि अपन लोगों को
एक-दूसरे का साथ देना चाहिए।

मैं चिल्लाता नहीं पर
बहुजन उपस्थिति से

कविता को माईक की तरह सामने खींचकर
कहता हूँ।

खर्च होना चाहता हूँ एकमुश्त

लोगों और जगहों में
मैं छूटता रहा
कभी थोड़ा कभी बहुत
और छूटा रहकर
रहा आता रहा।

मैं हृदय में जैसे अपनी ही जेब में
एक इकाई सा मनुष्य
झुकने से जैसे जेब से
सिक्का गिर जाता है
हृदय से मनुष्यता गिर जाती है
सिर उठाकर
मैं बहुजातीय नहीं
सब जातीय
बहुसंख्यक नहीं
सब संख्यक होकर
एक मनुष्य
खर्च होना चाहता हूँ
एकमुश्त।

16 अक्टूबर 2006

कोई अधूरा पूरा नहीं होता

कोई अधूरा पूरा नहीं होता
कि एक नया अधूरा छूट जाता है
बहुत पहले के अधूरे
शुरू से इतने सारे अधूरे
कि गिने जाने पर भी अधूरे छूट जाते हैं।

इस असमाप्त अधूरे से भरे समाप्त जीवन को
कभी अधूरा न माना जाए
कि जीवन भरपूर जिया गया।

जीवन के अँधेरे में
हर नया पल चिनगारी की तरह
जैसा उजाला रहा
और बीते हुए को राख में दबाकर
कि चिनगारी सहेजी रहेगी जैसा बीत गया

कागज पर लिखी एक पुड़िया–
कविता ही शायद उस राख की भभूत हो।

वसुधा, 7 फरवरी 2006

वह मेरा ही पता होता है

कविता लिखते समय
मेरा ध्यान दुनियादारी में रहता है
लिखते समय कोई घर का बन्द दरवाजा
खटखटाता है तो मैं सुन लेता हूँ
और दरवाजा खोलता हूँ
यह भी सच है
कि तब कोई आया होता है
भले किसी का पता पूछने
उसे मेरा ही घर आसान लगा हो
और उसने मेरा दरवाजा खटखटाया।
यह भी सच है कि
अपना दरवाजा खोलने पर
कविता इसी सजगता में आती है
और पता बताने पर
वह मेरा ही पता होता है।

29 अप्रैल 2008

दूब और हल्दी की पहली गाँठ

तुम्हारे जन्म के ठीक बाद
लिखी यह कविता
तुम्हारे जन्म के साथ की है

और जुड़वाँ है
परन्तु तुम बड़े हो
मनुष्य का जन्म बड़ा है
किसी भी कविता के जन्म से
और यद्यपि कविता मनुष्य को बड़ा बनाती है
और तुमको बड़ा होते देखने की यही कविता है
और इसीलिए कल ही जन्मे हो
और अभी से एक वर्ष बड़ा होने के इन्तजार में
सत्तर का हो रहा हूँ चिरंजीव
तुम्हारी बसकठ के धागे में
दूब और हल्दी की पहली गाँठ
देखने की जल्दी है
और यह वर्षों की गाँठ
इतनी लम्बी हो चिरंजीव
यह मैं अन्तस से कह रहा हूँ
कि तुम्हारे पीछे दौड़ते-दौड़ते
यह समय थक जाएगा।

25 मार्च 2006

विनोद कुमार शुक्ल

विनोद कुमार शुक्ल का जन्म 1 जनवरी, 1937 को राजनांदगाँव, छत्तीसगढ़ में हुआ था। उन्होंने जबलपुर कृषि विश्वविद्यालय, जबलपुर से उच्च शिक्षा प्राप्त की। उनकी प्रकाशित कृतियाँ हैं—'लगभग जयहिन्द', 'वह आदमी नया गरम कोट पहिनकर चला गया विचार की तरह', 'सब कुछ होना बचा रहेगा', 'अतिरिक्त नहीं', 'कविता से लम्बी कविता', 'कभी के बाद अभी', 'प्रतिनिधि कविताएँ', 'आकाश धरती को खटखटाता है' (कविता-संग्रह); 'पेड़ पर कमरा' तथा 'महाविद्यालय' (कहानी-संग्रह); 'नौकर की क़मीज़', 'दीवार में एक खिड़की रहती थी', 'खिलेगा तो देखेंगे', 'हरी घास की छप्पर वाली झोपड़ी और बौना पहाड़' (उपन्यास)। मेरियोला आफ्रीदी द्वारा इतालवी में अनूदित एक कविता-पुस्तक का इटली में प्रकाशन, इतालवी में ही 'पेड़ पर कमरा' का भी अनुवाद। कई रचनाएँ मराठी, मलयालम, अंग्रेज़ी तथा जर्मन भाषाओं में अनूदित।

मणि कौल द्वारा 1999 में 'नौकर की क़मीज़' पर फ़िल्म का निर्माण। 'आदमी की औरत' और 'पेड़ पर कमरा' सहित कुछ कहानियों पर अमित दत्ता के निर्देशन में बनी फ़िल्म 'आदमी की औरत' को वेनिस फ़िल्म फ़ेस्टिवल के 66वें समारोह (2009) में स्पेशल इवेंट पुरस्कार। 1994 से 1996 तक निराला सृजनपीठ में अतिथि साहित्यकार रहे। इन्दिरा गांधी कृषि विश्वविद्यालय से कृषि-विस्तार के सह-प्राध्यापक पद से 1996 में सेवानिवृत्त हुए।

उन्हें 'ज्ञानपीठ पुरस्कार', 'गजानन माधव मुक्तिबोध फ़ेलोशिप', 'राष्ट्रीय मैथिलीशरण गुप्त सम्मान', 'शिखर सम्मान' (म.प्र. शासन), 'हिन्दी गौरव सम्मान' (उत्तर प्रदेश हिन्दी संस्थान), 'रज़ा पुरस्कार', 'दयावती मोदी कवि शेखर सम्मान', 'रघुवीर सहाय स्मृति पुरस्कार', 'दीवार में एक खिड़की रहती थी' के लिए 'साहित्य अकादेमी पुरस्कार' तथा अन्तर्राष्ट्रीय साहित्य में उपलब्धि के लिए 2023 के 'पेन अमेरिका नाबोकोव अवॉर्ड' से सम्मानित किया गया।

23 दिसम्बर, 2025 को रायपुर, छत्तीसगढ़ में उनका निधन हुआ।